LACAN · DAS SEMINAR · BUCH XX

Text- und seitengleich mit der von
Norbert Haas und Hans-Joachim Metzger
herausgegebenen Ausgabe des Seminars
Lektorat: Claus Koch

JACQUES LACAN

ENCORE

DAS SEMINAR, BUCH XX (1972-1973)

TEXTHERSTELLUNG DURCH
JACQUES-ALAIN MILLER

AUS DEM FRANZÖSISCHEN VON
NORBERT HAAS, VRENI HAAS UND
HANS-JOACHIM METZGER

VERLAG TURIA + KANT
WIEN–BERLIN

Bibliografische Information Der Deutschen Bibliothek
Die Deutsche Bibliothek verzeichnet diese Publikation in der Deutschen Nationalbibliografie; detaillierte bibliografische Daten sind im Internet über http://dnb.ddb.de abrufbar.

Bibliographic Information published by Die Deutsche Bibliothek
Die Deutsche Bibliothek lists this publication in the Deutsche Nationalbibliografie; detailed bibliographic data are available on the internet at http://dnb.ddb.de.

ISBN 978-3-85132-807-3

Originaltitel:
Le séminaire de Jacques Lacan. Texte établi par Jacques-Alain Miller, Livre XX, Encore (1972-1973)

Frühere deutsche Ausgaben:
Quadriga Verlag, Weinheim-Berlin 1986, [2]1991

Reprint der Übersetzung mit freundlicher Genehmigung von Norbert Haas, Vreni Haas und Hans-Joachim Metzger

A – 1010 Wien, Schottengasse 3A/5/DG 1
Büro Berlin: D-10827 Berlin, Crellestraße 14 / Remise
info@turia.at | www.turia.at
ISBN 978-3-85132-802-8

INHALT

9

I

VOM GENUSS

Es ist mir geschehen, die *Ethik der Psychoanalyse* nicht zu publizieren. Zu jener Zeit war das bei mir eine Form von Höflichkeit — après vous j'vous en prie, j'vous en *pire* … Mit der Zeit habe ich gelernt, daß ich ein wenig mehr darüber sagen konnte. Und dann, mir ist aufgegangen, daß das, was meinen Weg ausmachte, von der Ordnung des *ich will davon nichts wissen* war.

Das ist es ohne Zweifel, was, mit der Zeit, macht, daß *noch* ich da bin, und daß auch Sie da sind. Ich staune darüber immer … *noch*.

Das, was mir seit einiger Zeit entgegenkommt, ist, daß es auch bei Ihnen, in der großen Menge derer, die da sind, ein *ich will davon nichts wissen* gibt. Allein, darauf kommt es an, ist es dasselbe?

Ihr *ich will davon nichts wissen* von einem bestimmten Wissen, das Ihnen häppchenweise übermittelt worden ist, ist es das, worum es bei mir geht? Ich glaube nicht, und gerade darin, daß Sie mir unterstellen, von anderswo auszugehen als Sie in jenem *ich will davon nichts wissen,* finden Sie sich an mich gebunden. So daß, wenn es wahr ist, daß ich Ihnen gegenüber nur hier sein kann in der Position des Analysanten meines *ich will davon nichts wissen,* von hier aus, daß Sie dasselbe erreichten, zu zahlen sein wird.

Das ist eben das, was macht, daß nur wenn das Ihrige Ihnen ausreichend erscheint, Sie sich, wenn Sie zu meinen Analysanten gehören, normalerweise von Ihrer Analyse lösen können. Ich schließe daraus, daß ich, im Gegensatz zu dem, was ausgestreut wird, in meiner Position als Analytiker keineswegs auf einen Unweg gerate mit dem, was ich hier mache.

1

Letztes Jahr habe ich das, was ich Ihnen sagen zu können glaubte — … *ou pire betitelt, dann* — *Ça s'oupire*. Es hat nichts zu tun mit *je* oder *tu* —

je ne t'oupire pas, ni tu ne m'oupires. Unser Weg, der des analytischen Diskurses, geht aus nur von jenem schmalen Grat, von jener Messerschneide, die macht, daß ohnehin ça ne peut que s'oupirer.

Es ist dieser Diskurs, der mich stützt, und um ihn dieses Jahr wieder zu beginnen, werde ich Sie zunächst im Bett unterstellen, ein Bett voll im Gebrauch, zu zweit.

Jemandem, einem Juristen, der sich wohl hatte erkundigen wollen nach dem, was mein Diskurs ist, habe ich geglaubt antworten zu können — um ihm spürbar zu machen, ihm, was dessen Grundlage ist, nämlich daß die Sprache nicht das sprechende Sein ist — daß ich mich nicht deplaziert fand, in einer Fakultät des Rechts zu sprechen zu haben, weil es eben jene ist, wo die Existenz der Codes manifest macht, daß die Sprache, das hält sich da, abseits, konstituiert im Laufe der Zeiten, während das sprechende Sein, das, was man die Menschen nennt, doch etwas anderes ist. Also, damit zu beginnen, Sie zu unterstellen im Bett, das verlangt, daß ich mich ihm gegenüber entschuldige.

Ich werde davon nicht mehr loskommen, von diesem Bett, heute, und möchte dem Juristen ins Gedächtnis rufen, daß, im Grund, das Recht von dem spricht, wovon ich zu Ihnen sprechen werde — der Genuß.

Das Recht verkennt nicht das Bett — nehmen Sie zum Beispiel jenes gute Gewohnheitsrecht, auf das sich der Brauch des Konkubinats gründet, was meint, miteinander zu schlafen. Für meinen Teil, ich werde ausgehen von dem, was, im Recht, verhüllt bleibt, nämlich von dem, was man da macht, in diesem Bett — sich umarmen. Ich gehe aus von der Grenze, von einer Grenze, von der man in der Tat ausgehen muß, um seriös zu sein, das heißt um die Serie dessen aufzustellen, was sich dem nähert.

Ich will mit einem Wort das Verhältnis von Recht und Genuß erhellen. Der Nießbrauch — das ist ein Begriff des Rechts, nicht wahr? — vereint in einem Wort, was ich schon in meinem Seminar über die Ethik erwähnt habe, nämlich die Differenz, die vom Nützlichen zum Genuß besteht. Das Nützliche, das dient wozu? Es ist das, was niemals recht definiert worden ist aufgrund des übergroßen Respekts, den, aus der Tatsache der Sprache, das sprechende Sein für das Mittel hat. Der Nießbrauch besagt, daß man seiner Mittel genießen kann, aber daß man sie nicht vergeuden darf. Wenn man den Nießbrauch an einer Erbschaft hat, kann man ihrer genießen unter der Bedingung, nicht zuviel davon zu verbrauchen. Genau da ist das Wesen des Rechts — aufzuteilen, zu verteilen, umzuverteilen das, was mit dem Genuß ist.

Was ist das, der Genuß? Er reduziert sich hier darauf, nur negative Instanz zu sein. Der Genuß, das ist das, was zu nichts dient.

Ich zeige da auf die Reserve, die das Feld des Rechtes-auf-den-Genuß impliziert. Das Recht ist nicht die Pflicht. Nichts zwingt jemanden zu genießen, außer dem Über-Ich. Das Über-Ich, das ist der Imperativ des Genießens — *Genieße!*

Eben da befindet sich der Drehpunkt, den der analytische Diskurs befragt. Auf diesem Weg, in dieser Zeit des *nach Ihnen*, die ich habe verstreichen lassen, habe ich versucht zu zeigen, daß die Analyse uns nicht erlaubte, uns an das zu halten, wovon ich, respektvoll, gewiß, ausgegangen war, nämlich an die Ethik des Aristoteles. Ein Gleiten hat im Laufe der Jahrhunderte stattgefunden, Gleiten, das nicht Fortschritt ist, sondern Umriß, der von der Betrachtung des Seins, die die des Aristoteles war, zum Utilitarismus Benthams geführt hat, das heißt zur Theorie der Fiktionen, die von der Sprache den Gebrauchswert gezeigt hat, nämlich
11 das Statut als Werkzeug. Von da aus bin ich darauf zurückgekommen zu befragen, was ist mit dem Sein, mit dem höchsten Gut als Gegenstand der Kontemplation, von wo aus man einst geglaubt hatte, eine Ethik aufbauen zu können.

Ich lasse Sie also auf diesem Bett, Ihren Einfällen. Ich gehe raus, und einmal mehr werde ich auf die Tür schreiben, damit Sie beim Ausgang, vielleicht, die Träume aufgreifen können, denen Sie auf diesem Bett gefolgt sein werden. Ich werde den folgenden Satz schreiben — *Das Genießen des Anderen*, des Anderen mit einem großen A, *des Körpers des Anderen, der ihn symbolisiert, ist nicht das Zeichen der Liebe.*

2

Ich schreibe das, und ich schreibe nicht dahinter *fertig*, weder *Amen* noch *So-sei-es.*

Die Liebe, gewiß, gibt Zeichen, und sie ist immer reziprok.

Ich habe das behauptet seit langem, sehr behutsam, indem ich sagte, die Gefühle, das ist immer reziprok. Das sollte auf mich zurückkommen — *Und dann, und dann, und die Liebe, und die Liebe, ist die immer reziprok? — Aber ja, aber ja!* Eben dazu hat man das Unbewußte erfunden — um gewahr zu werden, daß das Begehren des Menschen das Begehren des Anderen ist, und daß die Liebe, wenn das da eine Leidenschaft ist, die die Unkenntnis des Begehrens sein kann, diesem nicht minder seine ganze

Reichweite läßt. Wenn man hier näher hinschaut, sieht man davon die Verheerungen.

Das Genießen — Genießen des Körpers des Anderen — es bleibt eine Frage, denn die Antwort, die es bilden kann, ist nicht nezessär. Das geht sogar noch weiter. Es ist auch nicht eine hinreichende Antwort, denn die Liebe beansprucht die Liebe. Sie zessiert nicht die Not, sie zu beanspruchen. Sie beansprucht sie ... *encore. Encore,* das ist der Eigenname jener Spalte, von wo im Anderen der Liebesanspruch ausgeht.

Also, von wo geht aus, was fähig ist, in nicht nezessärer und nicht hinreichender Weise zu antworten durch das Genießen des Körpers des Anderen?

Es ist nicht die Liebe. Es ist, was letztes Jahr, inspiriert in gewisser Weise von der Kapelle von Saint-Anne, die mich auf das System brachte, ich mich habe gehen lassen, *l'amur* zu nennen.

L'amur, das ist, was in seltsamen Zeichen auf dem Körper erscheint. Es sind diese Geschlechtsmerkmale, die von jenseits kommen, von jenem Ort, den wir geglaubt haben, unter dem Mikroskop beäugen zu können in Gestalt des Keims — von dem ich Ihnen zu bemerken geben möchte, daß man nicht sagen kann, daß es das Leben sei, weil es ebensowohl den Tod trägt, den Tod des Körpers, da es ihn wiederholt. Von da kommt das *en-corps.* Es ist also falsch zu sagen, daß es Trennung gibt von Soma und von Keim, denn, da er diesen Keim beherbergt, trägt der Körper Spuren. Es gibt Spuren auf l'amur.

Nun gut, das sind nur Spuren. Das Sein des Körpers, gewiß, ist geschlechtlich, aber das ist sekundär, wie man sagt. Und wie die Erfahrung es zeigt, sind es nicht diese Spuren, von denen das Genießen des Körpers abhängt, sofern er den Anderen symbolisiert.

Eben das ist, was die einfachste Betrachtung der Dinge vorbringt.

Worum handelt es sich also in der Liebe? Die Liebe, ist das — wie es die Psychoanalyse fördert mit einer Kühnheit, um so unglaublicher, als all ihre Erfahrung entgegenläuft und sie das Gegenteil zeigt — die Liebe, ist das eins machen? Der Eros, ist er Spannung gegen das Ein?

Nur davon ist die Rede lange schon, von dem Ein. *'S gibt Ein,* es ist diese Aussage, mit der ich meinen Diskurs des letzten Jahres gestützt habe, und gewiß nicht, um in diese Urkonfusion miteinzufließen, denn das Begehren führt uns allein zur Sicht der Spalte, wo sich zeigt, daß das Ein nur hält aus dem Wesen des Signifikanten. Wenn ich Frege befragt habe zu Beginn, dann um zu versuchen, die Kluft zu zeigen, die da ist von diesem Ein zu etwas, das am Sein hält, und, hinter dem Sein, am Genuß.

Ich kann Ihnen eine kleine Geschichte sagen, die von einem Papageienweibchen, das verliebt war in Picasso. Woran ließ sich das sehen? Daran, wie es ihm an seinem Hemdkragen knabberte und an den Umschlägen seines Rocks. Diese Papageiin war in der Tat verliebt in das, was wesentlich ist am Menschen, nämlich sein Aufputz. Dieses Papageienweibchen war wie Descartes, für den Menschen, das war Kleider auf ... *pro-ménade.* Die Kleider, ça promet la ménade — wenn man sie auszieht. Aber das ist nur ein Mythos, ein Mythos, der zusammenkommt mit dem Bett von eben. Von einem Körper genießen, wenn keine Kleider mehr da sind, läßt die Frage unberührt, was das Ein macht, das heißt die nach der Identifizierung. Der Papagei identifizierte sich mit Picasso bekleidet.

Es ist das gleiche mit allem, was von der Liebe ist. Die Kutte liebt den Mönch, denn dadurch sind sie eins. Anders gesagt, was unter der Kutte ist und was wir den Körper nennen, das ist vielleicht nur dieser Rest, den ich das Objekt *a* nenne.

Was das Bild halten macht, das ist ein Rest. Die Analyse zeigt, daß die Liebe in ihrem Wesen narzißtisch ist und verrät, daß die Substanz des vorgeblich Objektalen — Bluff — in der Tat das ist, was, im Begehren, Rest ist, nämlich seine Ursache und der Träger seiner Unbefriedigung, ja, seiner Unmöglichkeit.

Die Liebe ist unvermögend, mag sie auch reziprok sein, denn sie weiß nicht, daß sie nur das Begehren ist, Ein zu sein, was uns heranführt an das Unmögliche, die Beziehung von ihnen herzustellen. Die Beziehung *d'eux* wem? — *zwei* Geschlechtern.

3

Sicherlich, das, was erscheint auf den Körpern unter diesen rätselhaften Formen, die die Geschlechtsmerkmale sind — die bloß sekundäre sind — macht das geschlechtliche Sein. Zweifellos. Aber das Sein, das ist das
13 Genießen des Körpers als solchen, das heißt als ungeschlechtlichen, denn das, was man Geschlechtsgenuß nennt, ist gezeichnet, beherrscht von der Unmöglichkeit, als solches herzustellen, nirgendwo im Aussagbaren, dieses alleinige Ein, das uns interessiert, das Ein der Beziehung *Geschlechtsverhältnis.*

Es ist das, was der analytische Diskurs zeigt, darin daß, für eines dieser Sein als geschlechtlichen, für den Mann, sofern er versehen ist mit dem phallisch genannten Organ — ich habe gesagt, *genannt* — das körperliche Geschlecht, das Geschlecht der Frau — ich habe gesagt, *der Frau,* wobei es, eben, nicht *die* Frau gibt, die Frau ist *nicht alle* — das Geschlecht der Frau ihm nichts sagt, es sei denn durch das Vermittelnde des Genießens des Körpers.

Der analytische Diskurs zeigt — gestatten Sie mir, es unter dieser Form zu sagen — daß der Phallus der Gewissenseinwurf ist, gemacht von einem der zwei geschlechtlichen Sein gegen den dem anderen zu erweisenden Dienst.

Und daß man mir nicht spreche von sekundären Geschlechtsmerkmalen der Frau, denn, bis auf weiteres, sind es die der Mutter, die vorrangig sind bei ihr. Nichts zeichnet die Frau aus als geschlechtliches Sein, wenn nicht eben das Geschlecht.

Daß alles sich dreht um den phallischen Genuß, das ist es eben, wovon die analytische Erfahrung zeugt, und zwar zeugt darin, daß die Frau sich definiert von einer Position aus, die ich auf den Punkt gebracht habe mit dem *nicht-alles* gegenüber dem phallischen Genuß.

Ich gehe ein wenig weiter — der phallische Genuß ist das Hindernis, wodurch der Mann nicht hinkommt, würde ich sagen, des Körpers der Frau zu genießen, präzise weil das, dessen er genießt, vom Genuß des Organs ist.

Deshalb ist das Über-Ich, so wie ich es auf den Punkt gebracht habe vorhin mit dem *Genieße!,* Korrelat der Kastration, die das Signum ist, mit dem sich das Geständnis wappnet, daß das Genießen des Anderen, des Körpers des Anderen, nur vor sich geht von der Unendlichkeit her. Ich will sagen, welche — jene, nicht mehr, nicht weniger, die von dem Paradox Zenons gestützt wird.

Achilles und die Schildkröte, so ist das Schema des Genießens von einer Seite des geschlechtlichen Seins. Als Achilles seinen Schritt getan hat, seinen Zug gemacht hat bei Briseis, ist diese wie die Schildkröte ein wenig vorgerückt, denn sie ist *nicht alle,* nicht alle für ihn. Da bleibt er. Und Achilles muß den zweiten Schritt tun, und so weiter. Gerade so ist man in unseren Tagen, aber in unseren Tagen erst, hingekommen, die Zahl zu definieren, die wahre, oder um es besser zu sagen, die reelle. Freilich, was Zenon nicht gesehen hatte, ist, daß die Schildkröte auch nicht vor der Fatalität bewahrt ist, die auf Achilles lastet — ihr Schritt ist ebenfalls von Mal zu Mal kleiner und wird auch nie an die Grenze kommen. Von da aus definiert sich eine Zahl, welche immer, wenn sie reell ist. Eine Zahl hat eine Grenze und in diesem Maße ist sie unendlich. Achilles, soviel ist klar, kann die Schildkröte nur überholen, er kann sie nicht einholen. Er holt sie nicht ein, außer in der Unendlichkeit.

14 Darin also das Gesagte für das, was mit dem Genießen ist, als geschlechtlichem. Auf der einen Seite ist das Genießen markiert durch jenes Loch, das ihm keinen anderen Weg läßt als den des phallischen Genusses. Auf der anderen Seite, läßt sich etwas erreichen, das uns sagte, wie das, was bis jetzt nur Spalte ist, Kluft im Genuß, realisiert wäre?

Das ist, was, eigenartigerweise, nur eingängig zu machen ist durch sehr befremdliche Bemerkungen. *Étrange* ist ein Wort, das sich zerlegen läßt — l'*être-ange,* das ist wohl etwas, wovor uns die Alternative, ebenso blöde zu sein wie die Papageiin von eben, auf der Hut sein läßt. Trotzdem, sehen wir uns näher an, was uns die Idee eingibt, daß, im Genießen der Körper, der geschlechtliche Genuß dies Privileg habe, spezifiziert zu sein durch einen Unweg.

In diesem Raum des Genießens etwas Begrenztes, Geschlossenes nehmen, das ist ein Ort, und davon zu sprechen, das ist eine Topologie. In einem Schrieb, den Sie erscheinen sehen werden als Pointe meines Diskurses vom letzten Jahr, glaube ich, die strikte Äquivalenz von Topologie und Struktur zu zeigen. Wenn wir uns führen lassen darüber, ist das, was das Anonymat dessen auszeichnet, wovon man spricht als Genuß, nämlich das, was das Recht anordnet, eine Geometrie. Eine Geometrie, das ist die Heterogenität des Ortes, nämlich daß es einen Ort des Anderen gibt. Von diesem Ort des Anderen, eines Geschlechts als Anderen, als absoluten Anderen, was erlaubt uns die jüngste Entwicklung der Topologie vorzubringen?

Ich möchte hier den Begriff der Kompaktheit vortragen. Nichts Kompakteres als eine Spalte, wenn klar ist, daß, wenn der Schnitt von allem, was sich hier schließt, angenommen wird als existierend über eine unendliche Zahl von Mengen, daraus resultiert, daß der Schnitt diese unendliche Zahl impliziert. Das ist die Definition selbst der Kompaktheit.

Dieser Schnitt, von dem ich spreche, ist derjenige, den ich vorgebracht habe vorhin als das, was deckt, was Hindernis macht dem unterstellten Geschlechtsverhältnis.

Lediglich unterstellt, weil ich sage, daß der analytische Diskurs sich nur unterhält aus der Aussage, daß es nicht gibt, daß es unmöglich ist zu setzen das Geschlechtsverhältnis. Darin liegt die vorgeschobene Stellung des analytischen Diskurses und darüber determiniert er das, was wirklich ist mit dem Statut aller anderen Diskurse.

So ist, benannt, der Punkt, der die Unmöglichkeit des Geschlechtsverhältnisses als solchen deckt. Der Genuß, als geschlechtlicher, ist phallisch, das heißt daß er sich nicht zum Anderen als solchen verhält.

Folgen wir da dem Gegenstück zu dieser Kompaktheitshypothese.
Eine Formel ist uns gegeben durch die Topologie, die ich als neueste
bezeichnet habe, ihren Ausgang nehmend von einer Logik, konstruiert
auf der Befragung der Zahl, die zur Einsetzung eines Ortes führt, der
nicht der eines homogenen Raumes ist. Nehmen wir denselben begrenzten, geschlossenen, als eingerichtet unterstellten Raum — das Äquivalent
dessen, was ich vorhin vorgebracht habe von dem sich ins Unendliche
erstreckenden Schnitt. Unterstellt man ihn als gedeckt von offenen Mengen, das heißt ihre Begrenzung ausschließenden — die Grenze definiert 15
sich als größer als ein Punkt, kleiner als ein zweiter, aber in keinem Fall
gleich weder dem Ausgangspunkt noch dem Ankunftspunkt, um's Ihnen
schnell zu verbildlichen — zeigt es sich, daß es äquivalent ist zu sagen, daß
die Menge dieser offenen Räume sich immer einer Unter-Deckung offe-
ner Räume anbietet, konstituierend eine Endlichkeit, nämlich daß die
Folge der Elemente eine endliche Folge konstituiert.

Sie können bemerken, daß ich nicht gesagt habe, daß sie zählbar sind. Und trotzdem, das ist es, was der Ausdruck *endlich* impliziert. Schließlich, man zählt sie, eines um eines. Aber bevor man dahin kommt, wird man hier eine Ordnung finden müssen, und wir müssen eine Zeit festlegen, ehe wir unterstellen, daß diese Ordnung findbar sei.

Was impliziert jedenfalls die demonstrierbare Endlichkeit der offenen Räume, fähig, den in dem Fall begrenzten, geschlossenen Raum des geschlechtlichen Genusses abzudecken? Daß besagte Räume genommen werden können einer um einen — und da es sich handelt um die andere Seite, setzen wir sie ins Femininum — eine um eine.

Das ist es genau, was sich produziert im Raum des geschlechtlichen Genusses — der aus diesem Umstand sich als kompakt erweist. Das geschlechtliche Sein dieser nicht-alle Frauen geht nicht über den Körper, sondern über das, was resultiert aus einer logischen Forderung im Sprechen. In der Tat, die Logik, die Kohärenz, eingeschrieben in dem Umstand, daß die Sprache existiert und daß sie außerhalb der Körper ist, die davon geschüttelt werden, kurz, der Andere, der sich inkarniert, wenn man so sagen kann, als geschlechtliches Sein, fordert dieses *eine um eine*.

Und gerade darin ist das Befremdliche, das Faszinierende, das kann man hier sagen — diese Forderung des Ein, wie schon befremdlicherweise der *Parmenides* es uns voraussehen lassen konnte, sie geht vom Anderen aus. Da wo das Sein ist, ist es die Forderung der Unendlichkeit.

Ich werde zurückkommen auf das, was mit diesem Ort des Anderen ist.

Aber gleich jetzt, um ein Bild zu machen, will ich's Ihnen illustrieren. Man weiß genug, wie sehr die Analytiker sich belustigt haben um Don Juan herum, aus dem sie alles gemacht haben, einschließlich, was der Gipfel ist, einen Homosexuellen. Aber zentrieren Sie ihn auf das, was ich Ihnen soeben verbildlicht habe, diesen Raum des geschlechtlichen Genusses, der abgedeckt ist mit offenen Mengen, die eine Endlichkeit konstituieren, und die man schließlich zählt. Sehen Sie nicht, daß das Wesentliche in dem weiblichen Mythos von Don Juan ist, daß er sie hat eine um eine?

Das eben ist das andere Geschlecht, das männliche Geschlecht, für die Frauen. Darin ist das Bild von Don Juan kapital.

Von den Frauen, von dem Moment an, wo es die Namen gibt, kann man eine Liste machen, und sie zählen. Wenn's *mille e tre* davon gibt, dann wohl, weil man sie nehmen kann eine um eine, was das Wesentliche ist. Und das ist ganz was anderes als das Ein der universalen Verschmelzung. Wenn die Frau nicht nicht-alle wäre, wenn in ihrem Körper sie nicht nicht-alle wäre als geschlechtliches Sein, würde von all dem nichts halten.

16 4

Die Tatsachen, von denen ich Ihnen spreche, sind Diskurstatsachen, Diskurs, dessen Ausgang wir in der Analyse betreiben, im Namen wessen? — der Lösung von anderen Diskursen.

Durch den analytischen Diskurs manifestiert sich das Subjekt in seiner Kluft, nämlich in dem, was sein Begehren verursacht. Wenn es das nicht gäbe, könnte ich nicht den Punkt machen mit einer Topologie, die allerdings nicht aus demselben Bereich stammt, aus demselben Diskurs, sondern aus einem anderen, um wieviel reineren, und der um wieviel mehr manifest macht die Tatsache, daß Genese ist nur aus Diskurs. Daß diese Topologie konvergiert mit unserer Erfahrung bis zu dem Punkt, uns zu erlauben, sie zu artikulieren, ist das da nicht etwas, das rechtfertigen könnte, was, in dem, was ich vorbringe, se supporte, se s'oupire, indem es niemals rekurriert auf irgendeine Substanz, indem es niemals sich rückbezieht auf irgendein Sein, und indem es ist in Bruch mit was es auch sei, das sich aussagt als Philosophie?

Alles, was sich artikuliert hat vom Sein, unterstellt, daß man sich dem Prädikat verweigern könne und sagen zum Beispiel *der Mensch ist*, ohne zu sagen, was. Was es auf sich hat mit dem Sein, ist eng gebunden an diese

Abtrennung des Prädikats. Demnach kann nichts darüber gesagt werden, es sei denn durch Umwege im Unweg, Beweise logischer Unmöglichkeit, wodurch kein Prädikat genügt. Was vom Sein ist, von einem Sein, das sich setzte als absolutes, ist je nur die Fraktur, der Bruch, die Unterbrechung der Formel *geschlechtliches Sein,* insofern als das geschlechtliche Sein betroffen ist im Genuß.

21. November 1972

ERGÄNZUNG

Beginn der folgenden Sitzung: DIE BLÖDHEIT.

Lacan, scheint es, für sein erstes Seminar, wie man es nennt, von diesem Jahr, soll gesprochen haben, Sie werden es nicht erraten, von der Liebe, nicht weniger.

Die Neuigkeit hat sich verbreitet. Sie ist mir zurückgekommen sogar von
— nicht sehr weit, gewiß — von einer kleinen Stadt in Europa, wohin man
sie als Botschaft gesandt hat. Da es auf meiner Couch mir zurückgekommen ist, kann ich nicht glauben, daß die Person, die es mir berichtet hat, 1
wirklich daran glaubte, zumal sie recht gut weiß, daß das, was ich von der
Liebe sage, sicher dies ist, daß man davon nicht sprechen kann. *Parlez-*
moi d'amour — chansonnette! Ich habe gesprochen vom Liebesbrief, von
der Liebeserklärung, was nicht dasselbe ist wie die Sprache der Liebe.

Ich denke, daß es klar ist, selbst wenn Sie es sich nicht so formuliert haben, daß ich in diesem ersten Seminar von der Blödheit gesprochen habe.

Es handelt sich um jene, die bedingt, womit ich dieses Jahr meinem Seminar den Titel gegeben habe, und der sich nennt *encore.* Sie sehen das Risiko. Ich sage Ihnen das nur, um Ihnen zu zeigen, was hier das Gewicht meiner Anwesenheit macht — das ist, daß Sie sie genießen. Meine Anwesenheit allein — zumindest wage ich, das zu glauben — meine Anwesenheit allein in meinem Diskurs, meine Anwesenheit allein ist meine Blödheit. Ich sollte wissen, daß ich Besseres zu tun habe als hier zu sein. Eben deswegen kann es mir gefallen, daß sie Ihnen nicht sicher ist unter allen Umständen.

Nichtsdestoweniger ist es klar, daß ich mich nicht in eine Rückzugsposition begeben kann, indem ich sage, daß *encore* und daß es dauert. Das ist eine Blödheit, denn ich selbst, ich arbeite da mit, offensichtlich. Ich kann mich plazieren nur im Feld dieses *encore*. Vielleicht daß zurückzusteigen vom analytischen Diskurs bis zu dem, was ihn bedingt — nämlich diese Wahrheit, die einzige, die unbestritten sein kann daraus, daß sie nicht ist, daß es kein Geschlechtsverhältnis gibt — keinesfalls erlaubt, zu urteilen über das, was Blödheit ist oder nicht ist. Und doch, es kann nicht sein, angesichts der Erfahrung, daß in bezug auf den analytischen Diskurs etwas nicht befragt wird — dieser Diskurs, hält er sich nicht, indem er sich stützt aus der Dimension der Blödheit?

Warum nicht sich fragen, welches das Statut ist dieser Dimension, die doch ganz gegenwärtig ist? Denn schließlich hat es nicht des analytischen Diskurses bedurft, damit — das ist da die Nuance — verkündet werde *als Wahrheit*, daß es kein Geschlechtsverhältnis gibt.

Glauben Sie nicht, daß ich zögere, mich naß zu machen. Es ist nicht erst heute, daß ich vom heiligen Paulus sprechen könnte. Es ist nicht das, was mir Angst macht, selbst wenn ich mich kompromittiere mit Leuten, deren Stellung und Herkunft eigentlich nicht das ist, womit ich umgehe. Aber immerhin, daß die Männer auf der einen Seite, die Frauen auf der anderen, die Konsequenz war der Botschaft, eben das ist's, was im Laufe der Zeiten einigen Widerhall gehabt hat. Das hat die Welt nicht daran gehindert, sich fortzupflanzen nach Ihrem Zuschnitt. Die Blödheit hält gut in jedem Fall. Es ist nicht ganz so, daß sich der analytische Diskurs einrichtet, was ich Ihnen formuliert habe aus dem kleinen *a* und dem S_2, das drunter ist, und aus dem, was das befragt auf seiten des Subjekts, um was zu produzieren? — wenn nicht Blödheit. Aber nach allem, im Namen wessen sollte ich sagen, daß, wenn das weitergeht, es Blödheit ist? Wie ausgehen aus der Blödheit?

18 Es ist nicht weniger wahr, daß ein Statut zu geben ist diesem neuen Diskurs und seiner Annäherung an die Blödheit. Sicherlich geht er näher, denn in den anderen Diskursen ist die Blödheit das, was man flieht. Die Diskurse zielen immer auf die geringste Blödheit, auf die sublime Blödheit, denn *sublim* will heißen der erhabenste Punkt dessen, was unten ist.

Wo ist, im analytischen Diskurs, das Sublime der Blödheit? Eben da bin ich gleichzeitig berechtigt, ruhenzulassen meine Teilhabe an der Blödheit, insofern sie hier uns umgibt, und aufzurufen, wer mir über diesen Punkt die Replik dessen bringen kann, was, in anderen Feldern, überschneidet, was ich sage. Das ist eben, was ich bereits zu Ende des letzten Jahres das Glück gehabt habe, aus einem Mund aufzunehmen, der heute der gleiche sein wird. Es handelt sich um jemanden, der hier mich hört, und der aus dieser Tatsache hinreichend eingeführt ist in den analytischen Diskurs. Seit Beginn dieses Jahres möchte ich, daß er mir, auf seine Verantwortung, die Replik dessen bringt, was in einem Diskurs, nämlich dem philosophischen, seinen Weg führt, die Bahn eines gewissen Statuts bezüglich der geringsten Blödheit. Ich gebe das Wort François Recanati, den Sie schon kennen.

Man lese das Exposé von F. Recanati in Scilicet, *Zeitschrift der École freudienne de Paris.*

12. Dezember 1972

19 II

FÜR JAKOBSON

Linguisterie
Das Zeichen, daß man den Diskurs wechselt
Die Signifikanz à tire-larigot
Blödheit des Signifikanten
Die genießende Substanz

Es scheint mir schwierig, nicht blöde von der Sprache zu sprechen. Es ist trotzdem, Jakobson, du bist da, das, was Dir gelingt zu tun.

Einmal mehr, in den Unterhaltungen, die Jakobson uns gegeben hat diese letzten Tage am Collège de France, habe ich ihn genügend bewundern können, um ihn jetzt dafür zu ehren.

Man muß gleichwohl die Blödheit nähren. Ist alles, was man nährt, deshalb auch schon blöde? Durchaus nicht. Aber es ist erwiesen, daß sich nähren teilhat an der Blödheit. Habe ich mehr darüber zu sagen vor diesem Saal, wo man alles in allem im Restaurant ist und wo man sich einbildet, daß man sich nährt, weil man nicht im universitären Restaurant ist? Die imaginative Dimension, das ist doch gerade das, wovon man sich nährt.

Ich verlasse mich auf Sie, um Sie daran zu erinnern, was der analytische Diskurs lehrt über die alte Verbindung mit der Ernährerin, Mutter noch dazu wie durch Zufall, mitsamt, dahinter, der infernalischen Geschichte ihres Begehrens und allem, was daraus folgt. Das eben ist es, worum es geht bei der Nahrung, um eine Art Blödheit, die aber der analytische Diskurs in ihr Recht einsetzt.

1

Eines Tages habe ich bemerkt, daß es schwer war, nicht einzutreten in die Linguistik von dem Moment an, wo das Unbewußte entdeckt war.

Daher habe ich etwas getan, das mir, um die Wahrheit zu sagen, der einzige Einwurf scheint, den ich gegen das formulieren kann, was sie
hören konnten neulich aus dem Munde Jakobsons, nämlich daß alles, was 20
von der Sprache ist, abhängen würde von der Linguistik, das heißt, in letzter Instanz, vom Linguisten.

Nicht daß ich ihm das nicht sehr leicht zugestehe, wenn es sich um die Poesie handelt, in bezug auf welche er dieses Argument vorgebracht hat. Aber wenn man alles das betrachtet, was, aus der Definition der Sprache, folgt bezüglich der Gründung des Subjekts, derart erneuert, derart subvertiert von Freud, daß eben da sich alles sichert, was aus seinem Munde behauptet worden ist als das Unbewußte, dann wird man, um Jakobson seinen reservierten Bereich zu lassen, irgend ein anderes Wort schmieden müssen. Ich werde das die Linguisterie nennen.

Das liefert mich irgendwo dem Linguisten aus und verfehlt auch nicht zu erklären, daß ich so oft, von seiten so vieler Linguisten, mehr als eine Ermahnung zu ertragen habe — sicher, nicht von Jakobson, aber das ist, weil er mir gut ist, anders gesagt, mich liebt, das ist die Art, wie ich das ausdrücke in der Intimität.

Mein Sagen, daß das Unbewußte strukturiert ist wie eine Sprache, ist nicht vom Feld der Linguistik. Es ist eine offene Tür auf das, was Sie kommentieren sehen werden in dem Text, der erscheinen wird in der nächsten Nummer meines wohlbekannten Aperiodikums unter dem Titel *L'Étourdit — d, i, t* — eine offene Tür auf jenen Satz, den ich das letzte Jahr, in mehreren Wiederaufnahmen, an die Tafel geschrieben habe, ohne ihm je Entwicklungen zu geben — *Daß man sage, bleibt vergessen hinter dem, was sich sagt in dem, was sich versteht.*

Es ist gleichwohl nach den Konsequenzen des Gesagten, daß sich das Sagen beurteilt. Aber das, was man aus dem Gesagten macht, bleibt offen. Denn man kann damit eine Menge machen, wie man mit Möbeln macht, von dem Moment an beispielsweise, wo man eine Belagerung ausgestanden hat oder eine Bombardierung.

Es gibt einen Text von Rimbaud, auf den ich letztes Jahr hingewiesen habe, der *A une raison* heißt und der skandiert wird durch diese Replik, die jede Strophe schließt — *Eine neue Liebe.* Da ich das letzte Mal von der Liebe gesprochen haben soll, warum ihn nicht wieder aufgreifen auf

dieser Ebene, und zwar immer noch in der Absicht, den Abstand zu markieren von der Linguistik zur Linguisterie?
Die Liebe, das ist in diesem Text das Zeichen, herausgestellt als solches, daß man die Raison wechselt, und das ist es, warum der Dichter sich an diese Raison wendet. Man wechselt die Raison, das heißt — man wechselt den Diskurs.
Ich möchte Sie hier erinnern an die vier Diskurse, die ich unterschieden habe. Es gibt vier allein auf der Grundlage dieses psychoanalytischen Diskurses, den ich mit vier Plätzen artikuliere, jeden aus der Aufnahme einigen Signifikanteneffekts, und den ich als letzten situiere in dieser Entfaltung. Dies ist in keinem Fall zu nehmen als eine Folge historischer Emergenzen — daß der eine früher aufgetaucht sei als die anderen, ist nicht das, was wichtig ist hier. Nun, ich würde jetzt sagen, daß von diesem psychoanalytischen Diskurs es immer einige Emergenz gibt bei jedem Übergang von einem Diskurs zu einem anderen.
Bei der Anwendung dieser Kategorien, die selbst nur strukturiert sind durch die Existenz des psychoanalytischen Diskurses, muß das Ohr auf
21 die Überprüfung dieser Wahrheit gerichtet werden, daß es Emergenz des psychoanalytischen Diskurses gibt bei jedem Überschreiten eines Diskurses zu einem anderen hin. Ich sage nichts anderes, wenn ich sage, daß die Liebe das Zeichen ist, daß man den Diskurs wechselt.

Diskurs des Herren

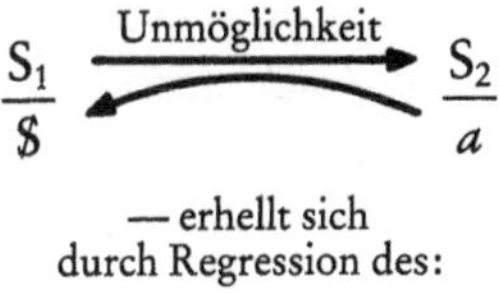

— erhellt sich
durch Regression des:

Diskurs der Universität

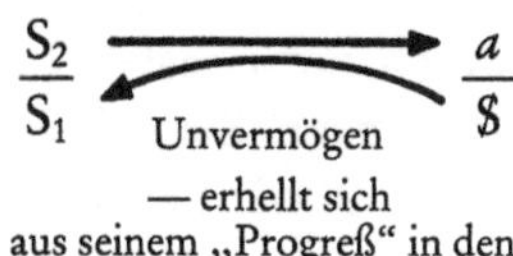

— erhellt sich
aus seinem „Progreß" in den:

Diskurs der Hysterikerin

Diskurs des Analytikers

Unmöglichkeit

$\frac{a}{S_2} \longrightarrow \frac{\$}{S_1}$

Die Plätze sind:

das Agens	der andere
die Wahrheit	die Produktion

Die Terme sind:

S_1, der Herrensignifikant
S_2, das Wissen
$, das Subjekt
a, die Mehrlust

Das letzte Mal habe ich gesagt, daß das Genießen des Anderen nicht das Zeichen der Liebe ist. Und hier sage ich, daß die Liebe ein Zeichen ist. Die Liebe, liegt sie in der Tatsache, daß das, was erscheint, nichts weiter ist als das Zeichen?

Hier eben könnte uns die Logik von Port-Royal, neulich angesprochen in dem Exposé von François Recanati, zu Hilfe kommen. Das Zeichen, behauptet sie, diese Logik — und man staunt immer über diese Aussagen, die ein Gewicht bekommen manchmal recht lange nach ihrer Aussendung — ist das, was sich definiert aus der Disjunktion zweier Substanzen, die keinerlei gemeinsamen Teil haben sollen, das heißt aus dem, was wir heute Schnitt nennen. Das wird uns zu Antworten führen, gleich.

Das, was nicht Zeichen der Liebe ist, das ist das Genießen des Anderen, jenes des Anderen Geschlechts und, ich kommentierte, des Körpers, der es symbolisiert.

Diskurswechsel — das bewegt sich, das durchquert Sie, uns, *sich*, niemand kann angeben, wie. Ich kann gut sagen, daß dieser Begriff von Diskurs zu nehmen ist als soziales Band, gegründet auf die Sprache, und also nicht ohne Verhältnis zu sein scheint mit dem, was in der Linguistik sich spezifiziert als Grammatik, nichts scheint sich dadurch zu ändern.

Vielleicht stellt das jene Frage, die keiner aufgreift, nämlich was es mit dem Informationsbegriff auf sich hat, dessen Erfolg so durchschlagend
ist, daß man sagen kann, daß die ganze Wissenschaft sich von ihm infil- 22
triert zeigt. Wir sind mittlerweile auf der Ebene der molekularen Information des Gens und der Wicklungen der Nukleoproteine um die DNS-Stränge, diese selbst gewickelt die einen um die anderen, alles das verbunden durch hormonale Bänder — Botschaften, die sich aussenden, sich registrieren etc. Bemerken wir, daß der Erfolg dieser Formel seine unbestreitbare Quelle hat in einer Linguistik, die nicht bloß immanent ist, sondern durchaus formuliert. Nun, diese Aktion erstreckt sich bis zum Fundament selbst des wissenschaftlichen Denkens, indem sie sich artikuliert als Negentropie.

Ist es das, was ich, von einem anderen Ort, von meiner Linguisterie her, aufnehme, wenn ich mich der Funktion des Signifikanten bediene?

2

Was ist das, der Signifikant?

Der Signifikant — so wie ihn die Riten einer linguistischen Tradition befördern, die nicht spezifisch eine Saussuresche ist, sondern zurückgeht bis zu den Stoikern, von wo aus sie sich wiederspiegelt beim heiligen Augustinus — ist in topologischen Termen zu strukturieren. Tatsächlich ist der Signifikant zunächst das, was Signifikatswirkung hat, und es ist wichtig, nicht auszulassen, daß zwischen den beiden ein Gebarrtes zu überwinden ist.

Diese Weise, das zu topologisieren, was es mit der Sprache auf sich hat, wird in bewundernswertester Form illustriert von der Phonologie, insofern diese den Signifikanten inkarniert mit dem Phonem. Aber der Signifikant läßt sich in keiner Weise einschränken auf diesen phonematischen Träger. Also nochmal – was ist das, ein Signifikant?

Ich muß bereits einhalten, wenn ich die Frage in dieser Form stelle.

Ein, vor den Term gestellt, ist als unbestimmter Artikel verwendet. Es unterstellt bereits, daß der Signifikant kollektiviert werden kann, daß man daraus eine Kollektion bilden kann, davon sprechen kann als von etwas, das sich totalisieren läßt. Indessen hätte der Linguist sicher Mühe, scheint mir, diese Kollektion zu begründen, sie zu gründen auf ein *der*, denn es gibt kein Prädikat, das dieses erlaubte.

Wie Jakobson bemerken ließ, namentlich gestern, ist es nicht das Wort, das den Signifikanten begründen kann. Das Wort hat keinen anderen Punkt, eine Kollektion zu bilden, als das Wörterbuch, wo es aufgenommen werden kann. Um Sie dies spüren zu machen, könnte ich vom Satz sprechen, der hier, er auch, die signifikante Einheit ist, die man bei Gelegenheit zu sammeln versuchen wird nach ihren typischen Beispielen für eine Sprache, ich will aber lieber an das Sprichwort erinnern, für das mich ein gewisser kleiner Aufsatz von Paulhan, der mir kürzlich in die Hände fiel, auf das lebhafteste eingenommen hat.

Paulhan, in jener Art so mehrdeutigem Dialog, der das Fremde eines bestimmten linguistischen Kompetenzbereiches erfaßt, hat bemerkt, daß
23 das Sprichwort bei den Madegassen ein besonderes Gewicht hatte, eine spezifische Rolle spielte. Daß er es bei dieser Gelegenheit entdeckt hat, wird mich nicht hindern, weiter zu gehen. In der Tat kann man bemerken, in den Rändern der Sprichwortfunktion, daß die Signifikanz etwas ist, das sich auffächert, wenn Sie mir diesen Ausdruck erlauben, vom Sprichwort zur Redewendung.

Suchen Sie zum Beispiel im Wörterbuch den Ausdruck *à tire-larigot*, Sie werden mir Neuigkeiten darüber berichten. Man geht soweit, einen Herrn zu erfinden namens Larigot, und es ist deswegen, weil man ihm das Bein wegzieht, daß man schließlich *à tire-larigot* geschaffen hätte. Was soll das heißen, *à tire-larigot?* — und es gibt ja noch genug solch extravaganter Redewendungen. Sie wollen nichts anderes sagen als dies — die Subversion des Begehrens. Eben da ist der Sinn von *à tire-larigot*. Durch das angestochene Faß der Signifikanz strömt à tire-larigot ein Bock, ein Starkbier von Signifikanz.

Was ist das, diese Signifikanz? Auf der Ebene, wo wir sind, ist es das, was Signifikatseffekt hat.

Vergessen wir nicht, daß man am Anfang, zu Unrecht, das Verhältnis des Signifikanten und des Signifikats als arbiträr eingeschätzt hat. So drückt sich, wahrscheinlich contre son cœur, Saussure aus — er dachte durchaus anderes und durchaus näher am Text des *Kratylos*, wie das zeigt, was in seinen Schubladen ist, nämlich Anagrammgeschichten. Immerhin, was da als Arbiträres gilt, das ist, daß die Signifikatswirkungen dem Anschein nach nichts zu tun haben mit dem, was sie verursacht.

Nur, wenn sie dem Anschein nach nichts zu tun haben mit dem, was sie verursacht, dann deshalb, weil man damit rechnet, daß das, was sie verursacht, ein bestimmtes Verhältnis habe mit Realem. Ich spreche vom seriösen Realen. Das Seriöse — man muß da schon einen Streich tun, um dessen gewahr zu werden, man muß schon ein wenig meinen Seminaren gefolgt sein — das kann nur das Serielle sein. Das läßt sich nur bekommen nach einer sehr langen Zeit des Ausziehens, des Ausziehens aus der Sprache heraus, von etwas, das hierin befaßt ist, und von dem wir, an dem Punkt, an dem ich bin mit meinem Exposé, nur eine entfernte Vorstellung haben — wär's auch nur bezüglich dieses unbestimmten *ein*, dieses Trügwerks, von dem wir nicht wissen, wie es funktionieren machen im Verhältnis zum Signifikanten, damit es ihn kollektiviere. In Wahrheit werden wir sehen, daß man es umgekehrt machen und an der Stelle des *ein* Signifikant, den man befragt, den Signifikanten *Ein* befragen muß — soweit sind wir aber noch nicht.

Die Signifikatswirkungen haben dem Anschein nach nichts zu tun mit dem, was sie verursacht. Das will heißen, daß die Referenzen, die Dinge, an die heranzukommen der Signifikant dient, justament approximativ bleiben — makroskopisch zum Beispiel. Was wichtig ist, ist nicht, daß das imaginär sei — schließlich, wenn der Signifikant erlaubte, das Bild auszumachen, das wir brauchen, um glücklich zu sein, wäre das sehr gut, das ist aber nicht der Fall. Was auf der Ebene der Unterscheidung Signifikant/Signifikat das Verhältnis des Signifikats zu dem charakterisiert, was da ist als unerläßliches Drittes, nämlich der Referent, ist eigentlich, daß das Signifikat es verfehlt. Der Kollimator funktioniert nicht.

24 Der Gipfel des Gipfels ist, daß es einem trotzdem gelingt, sich dessen zu bedienen, indem man über andere Tricks geht. Um die Funktion des Signifikanten zu charakterisieren, um ihn zu kollektivieren auf eine Weise, die einer Prädikation ähnlich sieht, haben wir etwas, das das ist, wovon ich ausgegangen bin, die Logik von Port-Royal. Recanati hat Sie neulich an die substantivierten Adjektive erinnert. Die Rundheit, man zieht sie aus aus rund, und, warum nicht, die Gerechtigkeit aus gerecht etc. Das ist es, was uns erlauben wird, unsere Blödheit voranzubringen, um zu entscheiden, daß sie womöglich nicht, wie man das glaubt, eine semantische Kategorie ist, sondern eine Weise, den Signifikanten zu kollektivieren.

Warum nicht? — der Signifikant ist blöde.

Es scheint mir, daß das ein Lächeln erzeugen kann, ein blödes Lächeln natürlich. Ein blödes Lächeln, wie jeder weiß — man braucht nur in die Kathedralen zu gehen — ist ein Engelslächeln. Das ist sogar die einzige Rechtfertigung der Pascalschen Ermahnung. Und wenn der Engel ein so blödes Lächeln hat, dann deshalb, weil er im höchsten Signifikanten schwimmt. Ein wenig aufs Trockene zu kommen, das würde ihm wohltun — kann sein, daß er nicht mehr lächeln würde.

Nicht daß ich nicht an die Engel glaubte — jeder weiß es, ich glaube an sie unauslöschlich und sogar unausteilhardlich — nur, ich glaube nicht, daß sie die geringste Botschaft bringen, und darin sind sie wahrlich signifikant.

Warum betonen wir dermaßen die Funktion des Signifikanten? Weil das das Fundament der Dimension des Symbolischen ist, die als solche zu isolieren uns allein der analytische Diskurs erlaubt.

Ich hätte auch auf eine andere Weise an die Dinge herangehen können — indem ich Ihnen sagen würde, wie man's macht, wenn man mich um eine Analyse fragen will, zum Beispiel.

Ich wollte nicht an diese Frische rühren. Es gibt welche, die sich wiedererkennen würden — Gott weiß, was sie sich einbilden würden, was ich denke. Womöglich würden sie glauben, daß ich sie für blöd halte. Was wahrhaftig der letzte Gedanke ist, der mir kommen könnte in einem solchen Fall. Die Frage geht darum, daß der analytische Diskurs ein substantiviertes Adjektiv einführt, die Blödheit, insofern sie eine Dimension in Ausübung des Signifikanten ist.

Und da muß man näher zusehen.

3

Sowie man substantiviert, ist's, um eine Substanz zu unterstellen, und die Substanzen, mein Gott, haben wir heutzutage nicht schaufelweise. Wir haben die denkende Substanz und die ausgedehnte Substanz.

Es wäre vielleicht angebracht, von da aus zu fragen, wo sich diese substanzielle Dimension wohl unterbringen läßt, in welcher Distanz sie auch sei von uns und, bis jetzt, uns nur Zeichen machend, diese Substanz in
Übung, diese Dimension, die man schreiben müßte *dit-mension,* wofür 25
die Funktion der Sprache zunächst das ist, was wacht vor jedem strengeren Gebrauch.

Zunächst, die denkende Substanz, man kann immerhin sagen, daß wir sie spürbar modifiziert haben. Seit jenem *ich denke,* das, indem es sich selbst unterstellt, die Existenz begründet, hatten wir einen Schritt zu tun, der der des Unbewußten ist.

Da ich nun einmal heute dabei bin, auf dem Geleise des wie eine Sprache strukturierten Unbewußten zu kriechen, daß man es wisse — diese Formel verändert total die Funktion des Subjekts als existierenden. Das Subjekt ist nicht der, der denkt. Das Subjekt ist eigentlicherweise der, den wir anhalten, nicht, wie wir ihm sagen, um ihn zu bestricken, alles zu sagen — man kann nicht alles sagen — sondern Blödheiten zu sagen, darauf kommt es an.

Mit diesen Blödheiten werden wir dann die Analyse machen und eintreten in das neue Subjekt, das das des Unbewußten ist. Es ist gerade in dem Maße, als er geruht, nicht mehr zu denken, der gute Mann, daß man vielleicht ein klein wenig mehr wissen wird, daß man einige Konsequenzen ziehen wird aus dem Gesagten — aus dem Gesagten, von dem man sich nicht lossagen kann, das ist die Spielregel.

Daraus taucht ein Sagen auf, das nicht immer so weit geht, ex-sistieren zu können zum Gesagten. Auf Grund dessen, was zum Gesagten kommt als Konsequenz. Es ist da die Probe, wo, in der Analyse irgendeines, er mag noch so blöde sein, ein gewisses Reales berührt werden kann.

Statut des Sagens — ich muß das alles beiseite lassen für heute. Aber ich kann Ihnen ankündigen, daß, was es dieses Jahr an Langweiligstem geben wird, ist, eine bestimmte Anzahl von Sageweisen der philosophischen Tradition dieser Probe zu unterziehen.

Glücklicherweise hat Parmenides in Wirklichkeit Gedichte geschrieben. Verwendet er nicht — das Zeugnis des Linguisten gilt hier am höchsten — Sprachzurüstungen, die sehr der mathematischen Artikulation gleichen,

Alternanz nach Sukzession, Einrahmung nach Alternanz? Weil er eben Dichter war, sagt Parmenides das, was er uns zu sagen hat, auf die am wenigsten blöde Weise. Anders, daß das Sein sei und das Nichtsein nicht sei, ich weiß nicht, was das Ihnen sagt, jedenfalls ich, ich finde das blöde. Und man soll nicht glauben, es mache mir Spaß, das zu sagen.

Wir werden gleichwohl dieses Jahr das Sein brauchen, vom Signifikanten Ein her, für den ich Ihnen letztes Jahr den Weg gebahnt habe, indem ich sagte — *'S gibt Ein!* Von da eben geht das Seriöse aus, so blöd es aussehen mag, es auch. Wir werden also einige Referenzen zu nehmen haben in der philosophischen Tradition.

Die famose ausgedehnte Substanz, Komplement der anderen, man entledigt sich ihrer gleichfalls nicht so leicht, denn es ist der moderne Raum. Substanz des reinen Raums, wie man sagt reiner Geist. Man kann nicht sagen, daß das verheißungsvoll sei.

Reiner Raum gründet sich auf den Begriff des Teils, unter der Bedingung, daß man hinzufügt, daß alle allen äußerlich sind — *partes extra partes.*
26 Selbst hier ist man soweit gekommen, ein paar Kleinigkeiten auszuziehen, es waren aber seriöse Schritte zu tun.

Um nun, bevor ich Sie verlasse, meinen Signifikanten zu situieren, schlage ich Ihnen vor abzuwägen, was sich, das letzte Mal, einschreibt am Anfang meines ersten Satzes, das *eines Körpers genießen*, eines Körpers, der, das Andere, es symbolisiert und vielleicht etwas mit sich führt, das erlaubt, eine andere Form von Substanz auf den Punkt zu bringen, die genießende Substanz.

Ist da nicht das, was die psychoanalytische Erfahrung eigentlich unterstellt? — die Substanz des Körpers, unter der Bedingung, daß sie definiert werde ausschließlich aus dem, was sich genießt. Eigenschaft des lebenden Körpers ohne Zweifel, aber wir wissen nicht, was das ist, lebend zu sein, es sei denn nur dies, daß ein Körper, das genießt sich.

Das genießt sich nur, indem es es verkörpert in signifikanter Weise. Was etwas anderes impliziert als das *partes extra partes* der ausgedehnten Substanz. Wie es auf bewundernswerte Weise jene Art Kantianer, der Sade war, unterstreicht, kann man nur eines Teils des Körpers des Anderen genießen, aus dem einfachen Grund, daß man nie einen Körper vollständig, bis hin, ihn einzuschließen und zu phagozytieren, sich um den Körper des Anderen wickeln gesehen hat. Deswegen ist man reduziert einfach auf eine kleine Umarmung, eben so, indem man einen Unterarm nimmt oder irgendwas anderes — tjaa!

Genießen hat diese fundamentale Eigenschaft, daß es alles in allem der

Körper des einen ist, der eines Teils des Körpers des Anderen genießt. Aber dieser Teil genießt auch — das behagt dem Anderen mehr oder weniger, aber es ist eine Tatsache, daß er dabei nicht gleichgültig bleiben kann.

Es geschieht sogar, daß sich etwas produziert, das über das hinausgeht, was ich eben beschrieben habe, und das markiert ist von der ganzen signifikanten Vieldeutigkeit, denn das *des Körpers genießen* führt einen Genitiv mit sich, der jene Sadesche Note hat, die ich flüchtig berührt habe, oder, im Gegenteil, eine ekstatische, subjektive Note, die besagt, daß es alles in allem der Andere ist, der genießt.

In dem, was es mit dem Genuß auf sich hat, gibt es da nur eine elementare Ebene. Das letzte Mal habe ich vorgebracht, daß er nicht ein Zeichen der Liebe sei. Eben das wird zu behaupten sein, und es wird uns auf die Ebene des phallischen Genusses führen. Jedoch das, was ich eigentlich das Genießen des Anderen nenne, sofern es hier nur symbolisiert ist, ist noch etwas ganz anderes, nämlich das Nicht-alles, das ich zu artikulieren haben werde.

4

In dieser alleinigen Artikulierung, was ist das, der Signifikant — der Signifikant für heute und, um darüber zu schließen, hinsichtlich der Motive, die ich dazu habe?

Ich werde sagen, daß der Signifikant sich situiert auf der Ebene der genießenden Substanz. Das ist völlig verschieden von der Aristotelischen
Physik, auf die ich zu sprechen kommen werde, welche, weil sie angegan- 27
gen werden kann, wie ich es tun werde, uns zeigt, bis zu welchem Punkt sie illusorisch war.

Der Signifikant, das ist die Ursache des Genießens. Ohne den Signifikanten, wie sich auch nur nähern diesem Teil des Körpers? Wie, ohne den Signifikanten, dieses Etwas zentrieren, das, vom Genuß, die Materialursache ist? So verschwommen, so konfus das auch sei, es ist ein Teil, der, vom Körper, bezeichnet ist in diesem Eingebrachten.

Ich möchte jetzt geradewegs auf die finale Ursache kommen, final in sämtlichen Bedeutungen des Ausdrucks. Was deren Term betrifft, so ist der Signifikant das, was Halt macht dem Genießen.

Nach denen, die sich umschlingen — wenn Sie mir erlauben — hélas! Und nach denen, die schlaff sind, holà! Der andere Pol des Signifikanten, der

Schlag, der Halt gebietet, ist da, ebenso am Ursprung, wie es der Vokativ des Befehls sein kann.

Die Wirkung, aus der Aristoteles uns die dritte Form der Ursache macht, ist nichts schließlich als dieser Entwurf, mit dem das Genießen sich eine Grenze zieht. Alle möglichen Dinge, die im Tierreich auftauchen, sind die Parodie zu diesem Weg des Genießens beim sprechenden Sein, wobei gleichzeitig sich hier Funktionen abzeichnen, die an der Botschaft partizipieren — die Biene, den Pollenstaub transportierend von der männlichen zur weiblichen Blume, das gleicht doch sehr dem, was mit der Kommunikation ist.

Und die Umarmung, die konfuse Umarmung, woraus das Genießen seine Ursache nimmt, seine letzte Ursache, die formal ist, ist sie nicht von der Ordnung der Grammatik, die sie regiert?

Es ist nicht von ungefähr, daß *Pierre schlägt Paul* am Anfang der ersten Grammatikbeispiele steht, noch, daß — warum es nicht so sagen? — *Pierre et Paule* das Beispiel für die Konjunktion sind — und zwar fast so, daß man sich fragen muß, hinterher, wer den anderen *epauliert.* Ich habe schon seit langem darauf angespielt.

Man kann sogar sagen, daß das Verb sich definiert, ein Signifikant pas si bête zu sein — man muß das in einem Wort schreiben — *passibête* wie die anderen ohne Zweifel, der die Passage eines Subjekts zu seiner eigenen Teilung im Genießen bewirkt, und er ist's noch weniger, wenn diese Teilung, wenn er sie in Disjunktion determiniert, und er Zeichen wird.

Ich habe letztes Jahr auf den Rechtschreibfehler angespielt, den ich gemacht hatte in einem Brief an eine Frau — *tu ne sauras jamais combien je t'ai aimé — é* statt *ée.* Man hat mir bedeutet inzwischen, das habe vielleicht heißen wollen, daß ich homosexuell wäre. Was ich aber artikuliert habe genau letztes Jahr, ist, daß es, wenn man liebt, nicht um Geschlecht geht.

Eben da möchte ich, wenn Sie so gut sind, für heute verbleiben.

19. Dezember 1972

29 III

DIE FUNKTION DES GESCHRIEBENEN

Das Unbewußte ist das, was sich liest
Vom Gebrauch der Buchstaben
S/s
Die Ontologie, Diskurs des Herren
Vom Ficken sprechen
Das Unlesbare

Ich möchte eintreten ganz behutsam in das, was ich Ihnen reserviert habe für heute, was, für mich, bevor angefangen wird, mir halsbrecherisch scheint. Es handelt sich um die Art und Weise, in der, im analytischen Diskurs, wir die Funktion des Geschriebenen zu situieren haben.

Es gibt da Anekdotisches, nämlich daß eines Tages, auf die Umschlagseite einer Sammlung, die ich 'rausbrachte — poubellication habe ich gesagt — ich nichts besseres zu schreiben gefunden habe als das Wort *Écrits*.

Diese *Écrits*, es ist genug bekannt, daß sie sich nicht leicht lesen. Ich kann Ihnen ein kleines autobiographisches Geständnis machen — das ist sehr genau das, was ich dachte. Ich dachte, das geht vielleicht sogar bis da, ich dachte, daß sie nicht zu lesen wären.

Das ist ein guter Start.

1

Der Buchstabe, das liest sich. Das scheint sogar gemacht zu sein in der Verlängerung des Wortes. Das liest sich und buchstäblich. Aber es ist eben nicht dasselbe, einen Buchstaben zu lesen oder aber zu lesen. Es ist doch evident, daß, im analytischen Diskurs, es nur darum geht, um das, was sich liest, um das, was sich liest jenseits dessen, was Sie das Subjekt angeregt haben zu sagen, was nicht so sehr ist, wie ich es unterstrichen habe das letzte Mal, alles zu sagen als unwichtig was zu sagen, ohne zu zögern, Blödheiten zu sagen.

Das setzt voraus, daß wir diese Dimension entwickelten, was sich nicht machen läßt, ohne es zu sagen. Was ist das, die Dimension der Blödheit? Die Blödheit, zumindest die, die man vorbringen kann, geht nicht weit. Im kurrenten Diskurs dreht sie kurz.

Das ist es, wessen ich mich versichere, wenn, was ich niemals tue ohne 30
Zittern, ich zurückkehre zu dem, was in der Zeit ich vorgetragen habe. Das macht mir immer eine heilige Angst, die Angst eben, Blödheiten gesagt zu haben, das heißt etwas, das, aufgrund dessen, was ich jetzt vortrage, ich als nicht stichhaltig erachten könnte.

Dank jemandem, der dieses Seminar wieder vornimmt — das erste Jahr an der École normale wird bald 'rauskommen — habe ich gleichsam das Gefühl haben können, dem ich manchmal begegne bei der Prüfung, daß das, was ich vorgebracht habe dieses Jahr, nicht gar so blöd war, und zumindest es nicht so sehr war, daß es mich gehindert hätte, andere Dinge vorzubringen, von denen mir scheint, weil ich soweit bin jetzt, daß sie sich halten.

Es bleibt nicht minder, daß dieses *sich wiederlesen* eine Dimension darstellt, die zu situieren ist im Verhältnis zu dem, was, im Hinblick auf den analytischen Diskurs, die Funktion dessen ist, was sich liest.

Der analytische Diskurs hat in dieser Hinsicht ein Privileg. Von da bin ich ausgegangen in dem, was mir Datum gemacht hat von dem, daß ich lehre — es ist vielleicht nicht so sehr auf das *ich*, daß der Akzent gesetzt werden muß, nämlich auf das, was *ich* vortragen mag, als auf das *von*, das heißt auf von wo das kommt, diese Lehre, wovon ich der Effekt bin. Seither habe ich den analytischen Diskurs gegründet aus einer präzisen Artikulation, die sich an der Tafel schreibt mit vier Buchstaben, zwei Barren und fünf Strichen, die jeden dieser Buchstaben verbinden zwei zu zwei. Einer von diesen Strichen — weil es vier Buchstaben gibt, müßte es sechs Striche geben — fehlt.

Die Schreibung ist ausgegangen von einem initialen In-Erinnerung-Rufen, daß der analytische Diskurs dieser neue Modus von Verhältnis ist, begründet allein von dem, was funktioniert als Sprechen, und dies in etwas, das man definieren kann als ein Feld. *Funktion und Feld*, habe ich geschrieben, *des Sprechens und der Sprache*, habe ich geendet, *in der Psychoanalyse*, was bezeichnen hieß, was die Originalität ausmacht dieses Diskurses, der nicht homogen ist einer gewissen Anzahl anderer, die ihr

Offizium tun und die aus dieser Tatsache allein wir unterscheiden, offizielle Diskurse zu sein. Es handelt sich darum zu scheiden, welches das Offizium des analytischen Diskurses ist, und ihn, wenn nicht offiziell, zumindest offiziant zu machen.

Und in diesem Diskurs handelt es sich darum zu präzisieren, was sein kann, wenn sie spezifisch ist, die Funktion des Geschriebenen im analytischen Diskurs.

Um zu erlauben, die Funktionen dieses Diskurses zu erklären, habe ich den Gebrauch einer gewissen Anzahl von Buchstaben vorgebracht. Zunächst das *a*, das ich *Objekt* nenne, das aber dennoch nichts ist als ein Buchstabe. Dann das A, das ich funktionieren mache in dem, was von der Proposition nur geschriebene Formel angenommen hat und was die Logiko-Mathematik hervorgebracht hat. Ich bezeichne damit, was zunächst ein Ort ist, ein Platz. Ich habe gesagt — *der Ort des Anderen.*

In was kann ein Buchstabe dienen, einen Ort zu bezeichnen? Es ist klar,
daß es da etwas Mißbräuchliches gibt. Wenn Sie zum Beispiel die erste
Seite dessen aufschlagen, was schließlich vereinigt worden ist unter der
31 Form einer endgültigen Edition unter dem Titel der *Théorie des ensembles,* und unter der Leitung eines fiktiven Autors namens Nicolas Bourbaki, was Sie sehen, ist das Insspielbringen einer gewissen Anzahl von logischen Zeichen. Eines unter ihnen bezeichnet die Funktion *Platz* als solche. Es schreibt sich mit einem kleinen Quadrat — □.

Ich habe also keinen strengen Gebrauch gemacht vom Buchstaben, als ich gesagt habe, daß der Ort des Anderen sich symbolisiere durch den Buchstaben A. Hingegen habe ich ihn gekennzeichnet, indem ich ihn fütterte mit diesem S, das hier Signifikant besagt, Signifikant von A, insofern es gebarrt ist — S(Ⱥ). Dadurch habe ich eine Dimension hinzugefügt zu diesem Ort von A, indem ich zeigte, daß als Ort er nicht hält, daß es da eine Spalte gibt, ein Loch, einen Verlust. Das Objekt *a* funktioniert im Hinblick auf diesen Verlust. Das ist da etwas ganz und gar Wesentliches an der Funktion der Sprache.

Schließlich habe ich diesen Buchstaben gebraucht, Φ, zu unterscheiden von der lediglich signifikanten Funktion, die gefördert wird in der analytischen Theorie bis dahin mit dem Terminus des Phallus. Es handelt sich da um etwas Originelles, das ich spezifiziere heute, präzisiert zu sein in seinem Relief durch den Schrieb selbst.

Wenn diese drei Buchstaben verschieden sind, dann weil sie nicht dieselbe Funktion haben.

Es handelt sich jetzt darum zu scheiden, um den Faden des analytischen Diskurses wiederaufzunehmen, was diese Buchstaben einführen in die Funktion des Signifikanten.

2

Der Schrieb ist keineswegs vom selben Register, vom selben Tobak, wenn Sie mir diesen Ausdruck gestatten, wie der Signifikant.

Der Signifikant ist eine Dimension, die eingeführt worden ist von der Linguistik. Die Linguistik, in dem Feld, wo sich das Sprechen produziert, geht nicht von selbst. Ein Diskurs stützt sie, der der wissenschaftliche Diskurs ist. Sie führt in das Sprechen eine Dissoziation ein, dank wessen sich die Distinktion des Signifikanten und des Signifikats gründet. Sie teilt, was doch von selbst zu gehen scheint, daß, wenn man spricht, es bedeutet, es mitbringt das Signifikat und, mehr noch, es sich nur trägt bis zu einem bestimmten Punkt aus der Funktion der Bedeutung.

Die Dimension des Signifikanten zu unterscheiden, nimmt Relief an nur, wenn man setzt, daß das, was Sie verstehen, im auditiven Sinne des Ausdrucks, mit dem, was es bedeutet, kein Verhältnis hat. Das ist da ein Akt, der sich stiftet nur von einem Diskurs, vom wissenschaftlichen Diskurs. Das geht nicht von selbst. Das geht sogar sowenig von selbst, daß ein ganzer Diskurs, der nicht aus einer schlechten Feder ist, denn es ist der *Kratylos* eines gewissen Platon, aus der Anstrengung gemacht ist zu zeigen, daß es da doch ein Verhältnis geben muß und daß der Signifikant sagen will, von sich selbst her, etwas. Dieses Unterfangen, das wir, von da, wo wir sind, verzweifelt nennen können, ist gezeichnet vom Scheitern, denn aus einem anderen Diskurs, aus dem wissenschaftlichen Diskurs, aus seiner Einsetzung selbst, und in einer Weise, nach deren
Geschichte nicht zu suchen ist, kommt dies, daß der Signifikant sich nur 32
von daher setzt, kein Verhältnis zu haben mit dem Signifikat.

Die Termini, von denen man da Gebrauch macht, sind immer selbst gleitend. Ein so treffsicherer Linguist, wie Ferdinand de Saussure einer hat sein können, spricht von Arbiträrem. Da ist Gleiten, Gleiten in einen anderen Diskurs, den des Herren, um ihn bei seinem Namen zu nennen. Das Arbiträre ist nicht das, was paßt.

Wenn wir einen Diskurs entwickeln, müssen wir immer versuchen, wenn wir in seinem Feld bleiben und nicht zurückfallen wollen in ein anderes, ihm seine Konsistenz zu geben und aus ihm herauszugehen nur wohlüberlegt. Diese Wachsamkeit ist um so notwendiger, wenn es sich darum handelt, was ein Diskurs ist. Sagen, daß der Signifikant arbiträr ist, hat nicht dieselbe Tragweite wie einfach zu sagen, daß er kein Verhältnis mit seinem Signifikatseffekt hat, denn es bedeutet, in eine andere Referenz zu gleiten.

Das Wort *Referenz* bei Gelegenheit kann sich situieren nur von dem her, was als Band der Diskurs konstituiert. Der Signifikant als solcher referiert sich auf nichts, wenn nicht auf einen Diskurs, das heißt auf einen Modus von Funktionieren, auf eine Verwendung der Sprache als Band.

Auch muß präzisiert werden bei dieser Gelegenheit, was dieses Band besagen will. Das Band — wir können hier nur unvermittelt darüberhinweggehen — ist ein Band zwischen denen, die sprechen. Sie sehen gleich, wohin wir gehen — diejenigen, die sprechen, sicherlich, das ist nicht irgendwer, das sind Sein, die wir gewohnt sind, als lebendige zu qualifizieren, und vielleicht ist es sehr schwierig, von denen, die sprechen, die Dimension des Lebens auszuschließen. Aber wir werden sofort gewahr, daß diese Dimension gleichzeitig die des Todes eintreten macht, und daß daraus eine radikale signifikante Ambiguität resultiert. Die Funktion, von der her allein das Leben sich definieren kann, nämlich die Fortpflanzung eines Körpers, kann sich selbst weder als Leben noch als Tod betiteln, denn, als solche, als geschlechtliche, bringt sie beide mit, Leben und Tod.

Schon wenn wir uns nur hineinbegeben in das Kurrente des analytischen Diskurses, haben wir diesen Sprung getan, der sich *Weltauffassung* nennt, und der doch für uns das Komischste sein muß. Der Terminus der Weltauffassung unterstellt einen ganz anderen Diskurs als den unsrigen, den der Philosophie.

Nichts ist weniger gesichert, wenn man herausgeht aus dem philosophischen Diskurs, als die Existenz einer Welt. Es gibt nur Anlaß zum Lächeln, wenn man behaupten will vom analytischen Diskurs, daß er etwas mitbringt von der Ordnung einer derartigen Auffassung.

Ich würde sogar mehr sagen — daß man einen derartigen Ausdruck vorbringt, um den Marxismus zu bezeichnen, macht ebenfalls lächeln. Der Marxismus scheint mir nicht durchgehen zu können als Weltauffassung. Dem ist entgegen, durch alle möglichen schlagenden Koordinaten, die Aussage dessen, was Marx sagt. Es ist etwas anderes, was ich ein Evangelium nennen würde. Es ist die Ankündigung, daß die Geschichte eine andere Diskursdimension aufrichtet und die Möglichkeit eröffnet,
33 vollständig die Funktion des Diskurses als solchen zu unterwandern, und

zwar, eigentlich zu sprechen, des philosophischen Diskurses, insofern auf ihm eine Weltauffassung beruht.
In allgemeiner Weise erweist sich die Sprache als ein Feld, sehr viel reicher an Ressourcen, als einfach dasjenige zu sein, wo sich eingeschrieben hat, im Laufe der Zeit, der philosophische Diskurs. Aber, von diesem Diskurs sind gewisse Anhaltspunkte ausgesagt, die schwerlich völlig zu eliminieren sind aus jedem Sprachgebrauch. Dadurch gibt es nichts Leichteres als zurückzufallen in das, was ich ironisch Weltauffassung genannt habe, was jedoch einen moderateren und präziseren Namen hat, die Ontologie.
Die Ontologie ist das, was in der Sprache zur Geltung gebracht hat den Gebrauch der Kopula, sie isolierend als Signifikant. Halten beim Verb *sein* — diesem Verb, das nicht einmal, im vollständigen Feld der Mannigfaltigkeit der Sprachen, von einem Gebrauch ist, den man als universal qualifizieren könnte — es hervorbringen als solches, das ist eine Akzentuierung voll von Risiken.
Um sie auszutreiben, genügte es vielleicht vorzubringen, daß, wenn man sagt von was immer, daß es ist, was es ist, nichts in irgendeiner Weise dazu nötigt, das Verb *sein* zu isolieren. Das spricht sich aus *es ist was es ist*, und es könnte sich ebensogut schreiben *esiswasesis*. Man würde bei diesem Gebrauch der Kopula nur Flimmern sehen. Man würde dabei nur Flimmern sehen, wenn ein Diskurs, der der discours du maître ist, *m'être*, nicht den Akzent setzen würde auf das Verb *sein*.
Das ist dies Etwas, das Aristoteles selbst zu zwei Malen anschaut beim Vorgehen, denn um das Sein zu bezeichnen, das er dem τὸ τί ἔστι gegenüberstellt, der Quiddität, dem, was es ist, geht er soweit, das τὸ τί ἦν εἶναι zu verwenden — was sich produziert hätte, wenn zu sein gekommen wäre, kurz, was war zu sein. Es scheint, daß da der Stiel sich bewahrt, der uns erlaubt zu situieren, von woher sich dieser Diskurs des Seins produziert — es ist ganz einfach das Sein gestiefelt, das Sein zu Befehl, das, was sein ging, wenn du vernommen hättest, was ich dir befehle.
Jede Dimension des Seins produziert sich im Kurrenten des Diskurses des Herren, desjenigen, der, den Signifikanten vortragend, davon erwartet, was einer seiner nicht zu vernachlässigenden Bindungseffekte ist, der an dem hängt, daß der Signifikant kommandiert. Der Signifikant ist zuerst Imperativ.
Wie zurückkehren, wenn nicht aus einem speziellen Diskurs, zu einer prä-diskursiven Realität? Es ist da, was der Traum ist — der Traum, Gründer jeder Idee von Erkenntnis. Aber es ist da auch wohl, was

anzusehen ist als mythisch. Es gibt keine prä-diskursive Realität. Jede Realität gründet sich und definiert sich aus einem Diskurs.

Darin ist es wichtig, daß wir gewahrten, woraus der analytische Diskurs gemacht ist, und daß wir nicht dies verkennten, was ohne Zweifel hier nur einen begrenzten Platz hat, nämlich daß man da spricht von dem, was das Verb *ficken* vollkommen aussagt. Man spricht da von ficken — Verb, auf Englisch *to fuck* — und man sagt damit, daß es nicht geht.

Das ist ein wichtiger Teil von dem, was sich anvertraut im analytischen
34 Diskurs, und es ist wichtig zu unterstreichen, daß das nicht sein Privileg ist. Das ist auch das, was sich ausdrückt in dem, was ich genannt habe vorhin den discours courant. Schreiben Sie das *disque-ourcourant,* Diskus so im Aus, draußen von jedem Diskurs, demnach Diskus ganz einfach — das dreht, das dreht ganz genau für nichts. Der Diskus befindet sich genau in dem Feld, ausgehend von wo alle Diskurse sich spezifizieren und wo alle untergehen, wo ein jeder fähig ist, ganz ebenso fähig, auszusagen gleichviel wie ein anderer, allerdings durch eine Sorge um das, was wir nennen wollen, mit vollstem Recht, *Dezenz,* die, mein Gott, unmöglichste Tatsache.

Was den Grund des Lebens wirklich macht, ist, daß für all das, was ist mit den Verhältnissen von Männern und Frauen, was man Gemeinschaft nennt, es nicht geht. Es geht nicht, und alle Welt spricht davon, und ein Großteil unserer Tätigkeit geht hin, es zu sagen.

Es hindert nicht, daß es nichts Seriöses gibt, es sei denn das, was sich ordnet in einer anderen Weise als Diskurs. Bis dahin und eingeschlossen dies, daß dieses Verhältnis, dieses Geschlechtsverhältnis, insofern es nicht geht, doch geht — dank einer gewissen Anzahl von Konventionen, von Verboten, von Hemmungen, die der Effekt der Sprache sind und nur zu nehmen sind von diesem Stoff und von diesem Register her. Es gibt nicht die mindeste prä-diskursive Realität, aus dem guten Grund, daß das, was Gemeinschaft macht, und was ich genannt habe die Männer, die Frauen und die Kinder, nichts besagen will als prä-diskursive Realität. Die Männer, die Frauen und die Kinder, das sind nur Signifikanten.

Ein Mann, das ist nichts anderes als ein Signifikant. Eine Frau sucht einen Mann im Titel des Signifikanten. Ein Mann sucht eine Frau im Titel — das wird Ihnen seltsam scheinen — dessen, was sich situiert nur vom Diskurs her, denn wenn das, was ich vorbringe, wahr ist, nämlich daß die Frau nicht-alle ist, gibt es immer etwas, das bei ihr dem Diskurs entwischt.

3

Es geht darum zu wissen, was, in einem Diskurs, sich produziert aus dem Effekt des Geschriebenen.

Wie Sie es vielleicht wissen — Sie wissen es auf alle Fälle, wenn Sie gelesen haben, was ich schreibe — der Signifikant und das Signifikat, es ist nicht allein, daß die Linguistik sie unterschieden hat. Die Sache scheint Ihnen vielleicht von selbst zu gehen. Aber eben, indem man meint, daß die Sachen von selbst gehen, sieht man nichts von dem, was man doch vor Augen hat, vor Augen betreffend das Geschriebene. Die Linguistik hat nicht allein unterschieden das eine von dem anderen das Signifikat und den Signifikanten. Wenn es etwas gibt, das uns einführen kann in die Dimension des Geschriebenen als solchen, so ist es, zu gewahren, daß das Signifikat nichts zu tun hat mit den Ohren, sondern allein mit der Lektüre, der Lektüre dessen, was man vernimmt von Signifikantem. Das Signifikat, das ist nicht das, was man vernimmt. Was man vernimmt, das ist der Signifikant. Das Signifikat, das ist der Effekt des Signifikanten.
Man unterscheidet da etwas, das nur der Effekt des Diskurses ist, des 35
Diskurses als solchen, das heißt von etwas, das funktioniert bereits als Band. Nehmen wir die Dinge auf dem Niveau eines Geschriebenen, das selbst Effekt von Diskurs ist, von wissenschaftlichem Diskurs, nämlich das Geschriebene des S, gemacht, um den Platz des Signifikanten zu konnotieren, und des *s*, mit dem sich konnotiert als Platz das Signifikat — diese Funktion von Platz ist geschaffen nur durch den Diskurs selbst, jeder auf seinen Platz, das funktioniert nur im Diskurs. Nun, zwischen den beiden, S und *s*, gibt es die Barre, $\frac{S}{s}$.

Das sieht aus nach nichts, wenn Sie eine Barre schreiben, um zu erklären. Dieses Wort, *erklären*, hat all sein Gewicht, denn es gibt nicht Mittel, zu begreifen bei einer Barre, selbst wenn sie vorbehalten ist, die Negation zu bedeuten.

Es ist sehr schwierig zu begreifen, was das sagen will, die Negation. Wenn man da zusieht ein bißchen näher, wird man gewahr werden insbesondere, daß es eine sehr große Vielfalt von Negationen gibt, die zu vereinigen unter demselben Begriff ganz und gar unmöglich ist. Die Negation der Existenz, zum Beispiel, ist überhaupt nicht dasselbe wie die Negation der Totalität.

Es gibt etwas, das noch gewisser ist — die Barre der Notation S und *s* hinzuzufügen, hat bereits etwas Überflüssiges, ja Belangloses, insofern das, was sie gelten macht, schon markiert ist durch den Abstand des Geschriebenen. Die Barre, wie alles, was vom Schrieb ist, stützt sich nur auf dies — der Schrieb, das ist nicht zu begreifen.

Eben deshalb sind Sie nicht gezwungen, meine zu begreifen. Wenn Sie sie nicht begreifen, um so besser, das wird Ihnen gerade die Gelegenheit geben, sie zu erklären.

Die Barre, das ist genauso. Die Barre, das ist genau der Punkt, wo, in jedem Sprachgebrauch, es Gelegenheit gibt zu dem, daß sich das Geschriebene produziere. Wenn, bei Saussure sogar, S über *s* ist, auf der Barre, dann weil nichts sich trägt von den Effekten des Unbewußten, wenn nicht dank dieser Barre — das ist es, was ich Ihnen habe demonstrieren können in *Das Drängen des Buchstabens*, das zu meinen *Écrits* gehört, in einer Weise, die sich schreibt, nichts weiter.

Wenn es nicht diese Barre gäbe, wirklich, nichts könnte erklärt werden von der Sprache durch die Linguistik. Wenn es nicht diese Barre gäbe, über der es Signifikantes gibt, das passiert, könnten Sie nicht sehen, daß Signifikantes sich injiziert ins Signifikat.

Wenn es keinen analytischen Diskurs gäbe, würden Sie fortfahren zu sprechen wie Stare, den *disque-ourcourant* zu singen, den Diskus drehen zu machen, diesen Diskus, der dreht, denn *es gibt kein Geschlechtsverhältnis* — das ist eine Formel, die sich artikulieren kann nur dank der gesamten Konstruktion des analytischen Diskurses, und die seit langem ich Ihnen eintrichtere.

Doch, weil ich sie Ihnen eintrichtere, muß ich sie noch erklären — sie stützt sich nur auf das Geschriebene in dem, daß das Geschlechtsverhältnis
36 nis sich nicht schreiben kann. Alles das, was geschrieben ist, geht aus von der Tatsache, daß es je unmöglich sein wird, zu schreiben als solches das geschlechtliche Verhältnis. Es ist von da, daß es einen gewissen Effekt des Diskurses gibt, der sich die Schrift nennt.

Man kann strenggenommen schreiben $x\ R\ y$ und sagen, x, das ist der Mann, y, das ist die Frau, und R, das ist der sexuelle Rapport. Warum nicht? Bloß, das, das ist ein Blödsinn, weil das, was sich trägt unter der Signifikantenfunktion, von *Mann* und von *Frau*, das sind nur Signifikanten, ganz und gar gebunden an den *kurkurrenten* Gebrauch der Sprache. Wenn es einen Diskurs gibt, der Ihnen das vorführt, dann ist es wohl der analytische Diskurs, da er ins Spiel bringt dies, daß die Frau je nur genommen wird *quoad matrem*. Die Frau tritt in Funktion im Geschlechtsrapport nur als die Mutter.

Das da sind massive Wahrheiten, aber die uns weiter führen werden, dank

was? Dank der Schrift. Sie wird nicht Einwurf machen gegen diese erste Annäherung, denn dadurch wird sie zeigen, daß es eine Suppleanz dieses nicht-alle ist, worauf das Genießen der Frau beruht. Zu diesem Genießen, daß sie nicht-alle ist, das heißt, das sie irgendwo abwesend macht von sich selbst, abwesend als Subjekt, wird sie den Stöpsel dieses *a* finden, was ihr Kind sein wird.
Auf seiten des *x*, das heißt dessen, was der Mann wäre, wenn das sexuelle Verhältnis sich schreiben könnte in einer haltbaren Weise, haltbar in einem Diskurs, ist der Mann nur ein Signifikant, denn da, wo er eintritt ins Spiel als Signifikant, tritt er ein nur *quoad castrationem,* das heißt insofern er Verhältnis hat mit dem phallischen Genuß. Derart daß von dem Moment an, wo ein Diskurs, der analytische Diskurs, diese Frage seriös angegangen und gesetzt hat, daß die Bedingung des Geschriebenen ist, daß es sich stütze von einem Diskurs, alles sich entzieht und Sie das Geschlechtsverhältnis niemals werden schreiben können — es schreiben mit einem wahren Schrieb, insofern das ist, was, von der Sprache, sich bedingt aus einem Diskurs.

4

Der Buchstabe, radikal, ist Diskurseffekt.
Was Gutes ist, nicht wahr, in dem, was ich erzähle, ist, daß es immer dasselbe ist. Nicht daß ich mich wiederhole, das ist da nicht die Frage. Es ist, weil das, was ich früher gesagt habe, seinen Sinn annimmt nachher.
Das erste Mal, soweit ich mich erinnere, daß ich gesprochen habe vom Buchstaben — das muß wohl fünfzehn Jahre her sein, irgendwo in Sainte-Anne — habe ich diese Tatsache vermerkt, die alle Welt kennt, wenn man ein bißchen liest, was nicht aller Welt geschieht, daß ein gewisser Sir Flinders Petrie geglaubt hatte zu bemerken, daß die Buchstaben des phönizischen Alphabets sich lange vor der Zeit Phöniziens auf feinen ägyptischen Töpferwaren fanden, wo sie als Herstellungszeichen dienten. 37
Das will sagen, daß es vom Markt ist, der typischerweise ein Diskurseffekt ist, daß zuerst der Buchstabe herausgekommen ist, ehe irgendjemand daran gedacht hat, Buchstaben zu gebrauchen, um was zu tun? — etwas, das nichts zu tun hat mit der Konnotation des Signifikanten, sondern das ihn herausarbeitet und ihn perfektioniert.
Man müßte die Dinge nehmen auf dem Niveau der Geschichte jeder Sprache. Es ist klar, daß jener Buchstabe, der uns so narrt, daß wir das,

Gott weiß wieso, mit einem unterschiedlichen Namen nennen, *Charakter*, der chinesische Buchstabe namentlich, herausgekommen ist aus dem sehr alten chinesischen Diskurs in einer Weise, ganz unterschieden von der, in der unsere Buchstaben herausgekommen sind. Da sie herauskommen aus dem analytischen Diskurs, haben die Buchstaben, die ich hier 'rausbringe, einen Wert, unterschieden von denen, die herauskommen mögen aus der Mengentheorie. Der Gebrauch, den man davon macht, differiert, und doch — da ist das Interesse — er hat wohl ein gewisses Verhältnis von Konvergenz. Unwichtig welcher Diskurseffekt hat dies Gute, daß er gemacht ist aus dem Buchstaben.
All dies ist nur ein Ansatz, den ich Gelegenheit haben werde zu entwickeln, indem ich auseinanderhalte den Gebrauch des Buchstabens in der Algebra und den Gebrauch des Buchstabens in der Mengentheorie.
Für den Augenblick möchte ich Sie schlicht aufmerksam machen auf dies — die Welt, die Welt ist in Zersetzung, Gott sei Dank. Die Welt, wir sehen sie nicht mehr halten, denn selbst im wissenschaftlichen Diskurs ist es klar, daß es nicht die geringste gibt. Von dem Moment an, wo Sie den Atomen ein Dings hinzufügen können, das sich das *quark* nennt, und wenn da der wahre Faden des wissenschaftlichen Diskurses ist, müssen Sie sich doch Rechenschaft geben davon, daß es sich um etwas anderes handelt als eine Welt.
Sie sollten sich trotzdem dranmachen, ein wenig Autoren zu lesen — ich würde nicht sagen, aus Ihrer Zeit, ich würde Ihnen nicht sagen, Philippe Sollers zu lesen, er ist unlesbar, wie ich übrigens — aber Sie können Joyce lesen beispielsweise. Sie werden da sehen, wie die Sprache sich perfektioniert, wenn er zu spielen weiß mit der Schrift.
Joyce, es ist mir schon recht, daß das nicht lesbar ist — das ist gewiß nicht übersetzbar ins Chinesische. Was passiert bei Joyce? Der Signifikant trüffelt das Signifikat. Es ist aufgrund der Tatsache, daß die Signifikanten sich verschachteln, sich zusammensetzen, sich ineinanderschieben — lesen Sie *Finnegan's Wake* — daß sich etwas produziert, das, als Signifikat, rätselhaft scheinen kann, aber was eben das Nächste dessen ist, was wir Analytiker, dank dem analytischen Diskurs, zu lesen haben — der Lapsus. Es ist als Lapsus, daß das etwas bedeutet, das heißt, daß das gelesen werden kann in einer Unendlichkeit unterschiedlicher Weisen. Aber es ist eben deshalb, daß sich das schlecht liest, oder daß sich das verquer liest, oder daß sich das nicht liest. Doch diese Dimension des *sich lesen,* ist das nicht genug, um zu zeigen, daß wir im Register des analytischen Diskurses sind?

Worum es sich handelt im analytischen Diskurs, ist immer dies — dem, was sich aussagt an Signifikantem, geben Sie eine andere Lektüre als das, was es bedeutet.

Um mich verständlich zu machen, möchte ich einen Bezug nehmen in
dem, was Sie lesen, im großen Buch der Welt. Sehen Sie den Flug einer 38
Biene. Sie geht von Blume zu Blume, sie sammelt. Was Sie lernen, ist, daß sie an ihren Füßchen den Pollen einer Blume auf den Stempel einer anderen Blume transportieren wird. Das, das ist es, was Sie lesen im Flug der Biene. In einem Vogelzug, der tief fliegt — Sie nennen das einen Zug, das ist in Wirklichkeit eine Gruppe in einer bestimmten Höhe — lesen Sie, daß es Gewitter geben wird. Aber heißt das, daß sie lesen? Heißt das, daß die Biene liest, daß sie der Fortpflanzung der Phanerogamen dient? Heißt es, daß der Vogel das Vorzeichen des Schicksals liest, wie man einst sagte, das heißt des Sturms?

Die ganze Frage ist da. Es ist nicht ausgeschlossen, schließlich, daß die Schwalbe den Sturm liest, aber sicher ist es auch nicht.

In Ihrem analytischen Diskurs, das Subjekt des Unbewußten, Sie unterstellen es, zu lesen zu wissen. Und es ist nichts anderes, Ihre Geschichte vom Unbewußten. Nicht nur unterstellen Sie es, zu lesen zu wissen, sondern Sie unterstellen es, lernen zu können zu lesen.

Bloß, was Sie es lehren zu lesen, hat dann absolut nichts zu tun, in keinem Fall, mit dem, was Sie davon schreiben können.

9. Januar 1973

39

IV

DIE LIEBE UND DER SIGNIFIKANT

Das Andere Geschlecht
Kontingenz des Signifikanten, Routine des Signifikats
Das Ende der Welt und das par-être
Die Liebe suppliert *der Abwesenheit des Geschlechtsverhältnisses*
Die Ein

Was kann ich Ihnen zu sagen haben noch, seit der Zeit, die das dauert und nicht alle Effekte hat, die ich davon möchte? Nun, gerade deswegen, was ich zu sagen habe, das fehlt nicht.

Gleichwohl, da man nicht alles zu sagen wußte, und mit Grund, bin ich angewiesen auf den Gang dieses engen Wegs, der macht, daß ich mich jeden Augenblick davor hüten muß, zurückzugleiten in das, was bereits sich getan findet von dem, was sich gesagt hat.

Darum werde ich heute versuchen, einmal mehr diese schwierige Bahnung zu halten, denn wir haben einen Horizont, seltsam, qualifiziert zu sein, durch meinen Titel, von diesem *Encore* her.

1

Das erstemal, daß ich zu Ihnen gesprochen habe, habe ich ausgesprochen, daß das Genießen des Anderen, das ich symbolisiert genannt habe durch den Körper, nicht ein Zeichen der Liebe ist.

Natürlich geht das durch, weil man spürt, daß es vom Niveau dessen ist, was das vorausgehende Sagen gemacht hat, und daß dieses nicht nachgibt.

Es gibt darin Ausdrücke, die verdienen kommentiert zu werden. Das Genießen, das ist eben das, was ich versuche gegenwärtig zu machen durch dieses Sagen selbst. Dieses *das Andere,* es ist mehr denn je in Frage gestellt.

Das Andere muß, einerseits, von neuem gehämmert, wieder angeschlagen werden, damit es seinen vollen Sinn, seine vollständige Resonanz nehme. Andererseits, es ist angemessen, es vorzubringen als den Term, der sich trägt daraus, daß ich es bin, der spricht, der sprechen kann nur, von wo ich bin, identifiziert mit einem reinen Signifikanten. Der Mann, eine Frau, habe ich gesagt das letzte Mal, das sind nichts als Signifikanten. Von daher, vom Sagen, als distinkte Inkarnation des Geschlechts, nehmen sie ihre Funktion.

Das Andere, in meiner Sprache, das kann also nur das Andere Geschlecht 40
sein.

Was ist mit diesem Anderen? Was ist mit seiner Position hinsichtlich dieser Wiederkehr, womit sich das Geschlechtsverhältnis realisiert, das heißt ein Genießen, das der analytische Diskurs überstürzt hat als Funktion des Phallus, deren Rätsel ganz bleibt, denn sie artikuliert sich da nur aus Tatsachen von Abwesenheit?

Heißt das doch, daß es sich da handelt, wie man geglaubt hat, es zu schnell übersetzen zu können, um den Signifikanten dessen, was fehlt im Signifikanten? Das ist es, dem dieses Jahr einen Schlußpunkt wird setzen und vom Phallus sagen müssen, welches, im analytischen Diskurs, die Funktion ist. Ich würde sagen für den Augenblick, daß das, was ich hergeführt habe das letzte Mal als die Funktion der Barre, nicht ohne Verhältnis ist mit dem Phallus.

Es bleibt der zweite Teil des Satzes, verbunden mit dem ersten durch ein *ist nicht — ist nicht das Zeichen der Liebe.* Und wir werden wohl, dieses Jahr, artikulieren müssen, was da ist gleichsam am Angelpunkt all dessen, was sich eingerichtet hat von der analytischen Erfahrung her — die Liebe.

Die Liebe, seit langem ist nur davon die Rede. Brauche ich zu betonen, daß sie im Herzen des philosophischen Diskurses ist? Das ist sicherlich etwas, das uns auf der Hut sein lassen muß. Das letzte Mal habe ich Sie kurz den philosophischen Diskurs sehen lassen als das, was er ist, eine Variante des Diskurses des Herren. Ich habe gleichfalls sagen können, daß die Liebe das Sein anvisiert, das heißt das, was, in der Sprache, sich am meisten entzieht — das Sein, das, um ein Haar, sein sollte, oder das Sein, das zu sein justament, überrascht hat. Und ich habe hinzufügen können, daß dieses Sein, kann sein, ganz nahe ist am Signifikanten *m'être,* kann sein, das Sein ist auf Kommando, und daß es da den seltsamsten der Köder hat. Ist das nicht auch, um uns zu kommandieren zu fragen, in was das Zeichen sich unterscheidet vom Signifikanten?

Hier also vier Punkte — das Genießen, das Andere, das Zeichen, die Liebe.

Lesen wir, was sich ausgeschickt hat zu einer Zeit, wo der Diskurs der Liebe sich einbekannte, der des Seins zu sein, öffnen wir das Buch von Richard von Sankt-Viktor über die göttliche Dreifaltigkeit. Es ist vom Sein, daß wir ausgehen, vom Sein, sofern es begriffen ist — verzeihen Sie mir dies Gleiten von Schrieb in mein Sprechen — als *l'êtrernel,* und dies nach der immerhin so gemäßigten Ausarbeitung von Aristoteles und unter dem Einfluß ohne Zweifel des Einbruchs des *Ich bin, was ich bin,* was die Aussage der judaischen Wahrheit ist.

Wenn die Idee des Seins — bis dahin nur angenähert, gestreift — kulminiert dann in diesem gewaltsamen Herausreißen aus der Funktion der Zeit durch die Aussage des Ewigen, ergibt das seltsame Folgen. Es gibt, sagt Richard von Sankt-Viktor, das Sein, das, ewig, es ist aus sich selbst, das Sein, das, ewig, es nicht ist aus sich selbst, das Sein, das, nicht ewig, nicht hat dieses zerbrechliche, gar inexistente Sein, es nicht hat aus sich selbst. Aber das nicht ewige Sein, das ist aus sich selbst, davon gibt es nicht. Von den vier Unterteilungen, die sich produzieren aus dem Wechsel der Bejahung und Verneinung des Ewigen und des *aus sich selbst,* ist das die einzige, die, dem fraglichen Richard von Sankt-Viktor, beiseite gelassen werden zu müssen scheint.

41 Ist es nicht eben das, worum's geht beim Signifikanten? — nämlich daß kein Signifikant sich produziert als ewig.

Das ist es ohne Zweifel, was, eher als es als arbiträr zu qualifizieren, Saussure hätte versuchen können zu formulieren — der Signifikant, besser wäre es gewesen, ihn vorzubringen von der Kategorie des Kontingenten her. Der Signifikant weist die Kategorie des Ewigen ab und dennoch, eigentümlicherweise, ist er aus sich selbst.

Ist Ihnen nicht klar, daß er teilhat, um einen Platonischen Zugang zu verwenden, an diesem Nichts, wovon die kreationistische Idee uns sagt, daß etwas ganz und gar Ursprüngliches geschaffen worden ist *ex nihilo*?

Ist das nicht etwas, das Ihnen erscheinen mag — wenn's überhaupt so ist, daß *laparesse*, die die Ihre ist, aufgeweckt werden könnte durch irgendeine Erscheinung — in der *Genesis*? Sie erzählt uns nichts anderes als die Schöpfung — aus nichts in der Tat — woraus? — aus nichts anderem als aus Signifikanten.

Sobald diese Schöpfung auftaucht, artikuliert sie sich durch die Benamung dessen, was ist. Ist das nicht die Schöpfung in ihrem Wesen? Wenn

Aristoteles nicht umhin kann zu sagen, daß, wenn es je etwas gegeben hat, es seit je war, daß es da war, geht es dann nicht, in der kreationistischen Idee, um die Schöpfung ausgehend von nichts, und also aus dem Signifikanten?
Ist es nicht das, was wir finden in dem, was, im sich Spiegeln in einer Weltauffassung, sich ausgesagt hat als Kopernikanische Revolution?

2

Seit langem ziehe ich im Zweifel, was Freud über die besagte Revolution glaubte vorbringen zu können. Der Diskurs der Hysterikerin hat ihn diese andere Substanz gelehrt, die voll und ganz hält in diesem, daß es Signifikant gibt. Indem er den Effekt aufnimmt dieses Signifikanten, im Diskurs der Hysterikerin, hat er gewußt ihn drehen zu machen um jene Vierteldrehung, die daraus den analytischen Diskurs gemacht hat.
Der Begriff selbst von Vierteldrehung evoziert die Revolution, aber sicher nicht in dem Sinn, wo Revolution Subversion ist. Ganz im Gegenteil, was sich dreht — das ist, was man Revolution nennt — ist dazu bestimmt, aus seiner Aussage selbst, die Wiederkehr zu evozieren.
Gewiß, wir sind durchaus nicht bei der Vollendung dieser Wiederkehr, denn es ist schon auf sehr mühselige Weise, daß diese Vierteldrehung sich vollzieht. Aber es ist nicht zuviel, zu erwähnen, daß, wenn es irgendwo Revolution gegeben hat, dann sicher nicht auf der Ebene von Kopernikus. Seit langem war die Hypothese vorgebracht worden, daß die Sonne vielleicht doch das Zentrum wäre, um das herum es sich drehte. Aber ist das so wichtig? Was wichtig war für die Mathematiker, ist sicherlich der Ausgang dessen, was sich dreht. Der ewige Umzug der Sterne der letzten der Sphären setzte nach Aristoteles die Sphäre des Unbeweglichen voraus, erste Ursache der Bewegung derjenigen, die sich drehen. Wenn die Sterne sich drehen, so deshalb, weil die Erde sich um sich selbst dreht. Es ist 42
bereits ein Wunder, daß von diesem Umzug aus, von dieser Revolution, von dieser ewigen Drehung der Sternensphäre sich Menschen gefunden haben, um andere Sphären zu ersinnen, das sogenannte Ptolemäische System auszudenken und die Planeten sich drehen zu lassen, die sich hinsichtlich der Erde in dieser doppeldeutigen Position befinden, zu gehen und zu kommen wie die Giftzähne der Schlangen in einer Oszillationsbewegung.

Die Bewegung der Sphären gedacht zu haben, ist das nicht ein außerordentlicher Kraftakt? Kopernikus fügte hier nur diese Bemerkung hinzu, daß vielleicht die Bewegung der Zwischensphären sich anders ausdrücken mochte. Ob die Erde im Mittelpunkt wäre oder nicht, war ihm nicht das Wichtigste.

Die Kopernikanische Revolution ist mitnichten eine Revolution. Wenn das Zentrum einer Sphäre, in einem Diskurs, der nur analogisch ist, den beherrschenden Punkt konstituieren soll, hat die Tatsache, diesen beherrschenden Punkt auszuwechseln, ihn von der Erde oder der Sonne besetzen zu lassen, nichts an sich, was das subvertieren könnte, was der Signifikant *Zentrum* konserviert von sich selbst. Weit davon entfernt, daß der Mensch — das, was sich bezeichnet von diesem Term her, der nur das ist, was bedeuten macht — jemals erschüttert worden wäre von der Entdeckung, daß die Erde nicht im Zentrum ist, er hat ihr ganz einfach die Sonne substituiert.

Sicher, es ist jetzt evident, daß die Sonne auch nicht mehr ein Zentrum ist und daß sie auf einem Spaziergang ist durch einen Raum, dessen Statut immer heikler festzulegen ist. Was im Zentrum bleibt, das ist diese liebe Gewohnheit, die macht, daß das Signifikat schlußendlich immer den gleichen Sinn bewahrt. Dieser Sinn ist gegeben durch das Gefühl, das jeder hat, weil er Teil seiner Welt ist, das heißt, seiner kleinen Familie und alles dessen, was sich darum dreht. Jeder von Ihnen — ich rede sogar für die Linken — sind Sie hier mehr, als Sie glauben, dem verhaftet, und zwar in einem Maße, das zu erfassen Sie gut täten. Eine gewisse Anzahl von Vorurteilen dienen Ihnen als Grundlage und beschränken die Tragweite Ihrer Insurrektionen auf den kürzesten Ausdruck, auf den, sehr genau, wo das Ihnen keine Unannehmlichkeit bringt, und vor allem nicht in einer Weltauffassung, die ihrerseits völlig sphärisch bleibt. Das Signifikat findet sein Zentrum, wohin Sie es auch bringen mögen. Und es ist bis auf weiteres nicht der analytische Diskurs, so schwierig aufrechtzuerhalten in seiner Dezentrierung, und der noch nicht seinen Eingang gefunden hat ins allgemeine Bewußtsein, was in irgendeiner Weise subvertieren kann, was es auch sei.

Gleichwohl, wenn man mir erlaubt, mich trotzdem dieser Kopernikanischen Referenz zu bedienen, möchte ich hervorheben, was sie an Effektivem hat. Es ist nicht, das Zentrum auszuwechseln.

Es dreht sich. Die Tatsache fährt fort, für uns ihren ganzen Wert zu behalten, so reduziert sie sein mag letztlich und motiviert nur dadurch, daß die Erde sich dreht und es uns dadurch scheint, daß es die Himmels-

sphäre ist, die sich dreht. Sie fährt munter fort sich zu drehen und sie hat allerhand Effekte, zum Beispiel, daß Sie Ihr Alter nach Jahren zählen. Die
Subversion, wenn sie irgendwo und irgendwann existiert hat, ist nicht, 43
den Drehpunkt ausgewechselt zu haben bei dem, was sich dreht, es ist, dem *es dreht sich* ein *es fällt* substituiert zu haben.

Der springende Punkt, wie einige die Idee gehabt haben zu bemerken, ist nicht Kopernikus, es ist eher schon Kepler, wegen der Tatsache, daß bei ihm es sich nicht dreht auf die gleiche Weise — es dreht sich als Ellipse, und das stellt bereits die Funktion des Zentrums in Frage. Dieses, gegen was es fällt bei Kepler, ist in einem Punkt der Ellipse, der Brennpunkt heißt, und, im symmetrischen Punkt, gibt es nichts. Das sicherlich ist korrektiv zu jenem Bild des Zentrums. Aber das *es fällt* gewinnt sein Gewicht von Subversion nur, indem es hinausläuft auf was? Auf dieses und nichts weiter —

$$F = g\frac{mm'}{d^2}.$$

In diesem Schrieb, in dem, was sich zusammmenfaßt in diesen fünf kleinen Buchstaben, geschrieben in der hohlen Hand, mit einer Zahl dazu, besteht das, was man ungebührlich Kopernikus zuschreibt. Das ist es, was uns entreißt der imaginären, und doch im Realen begründeten, Funktion der Revolution.

Was produziert ist in der Artikulation dieses neuen Diskurses, der auftaucht als Diskurs der Analyse, ist, daß der Ausgang genommen ist von der Funktion des Signifikanten, weit davon entfernt, daß gelten gelassen wird durch das Erlebte der Tatsache selbst das, was der Signifikant mitnimmt von seinen Signifikatseffekten.

Ausgehend von Signifikatseffekten hat sich aufgebaut die Strukturierung, an die ich Sie erinnert habe. Während Zeiten hat es natürlich geschienen, daß sich eine Welt konstituiert hatte, wovon das Korrelat, jenseits, das Sein selbst war, das Sein, genommen als ewiges. Diese Welt, aufgefaßt als das Ganze, mit dem, was dieses Wort, welche Öffnung man ihm auch geben mag, mit sich bringt an Begrenztem, bleibt eine Auffassung — das ist da wohl das Wort — eine Sicht, ein Blick, ein imaginärer Griff. Und daraus resultiert dies, was befremdlich bleibt, daß jemand, ein Teil dieser Welt, zu Anfang davon Kenntnis nehmen können soll. Dieser Eine befindet sich hier in jenem Zustand, den man die Existenz nennen kann, denn wie könnte er Träger des *Kenntnisnehmen* sein, wenn er nicht existent wäre? Eben da hat sich abgezeichnet von jeher der Unweg, das Schwan-

ken, resultierend aus dieser Kosmologie, die besteht im Geltenlassen einer Welt. Hingegen, gibt es nicht im analytischen Diskurs etwas, das uns einführt in dies, daß jedes Bestehen, jedes Fortbestehen der Welt als solcher aufgegeben werden muß?
Die Sprache — die geschmiedete Sprache des philosophischen Diskurses — ist so, daß in jedem Augenblick, Sie sehen es, ich nicht umhin kann, zurückzugleiten in diese Welt, in dies Unterstellte einer Substanz, die sich durchtränkt findet von der Funktion des Seins.

44 3

Dem Faden des analytischen Diskurses zu folgen, tendiert zu nichts Geringerem als wiederzubrechen, zu verbiegen, zu markieren mit einer eigenen Verkrümmung, und einer Verkrümmung, die nicht einmal behauptet werden könnte als die von Kraftlinien, das, was als solches den Fehl, die Diskontinuität produziert. Unser Rekurs ist, in lalangue, das, was sie bricht. So, daß nichts besser den Horizont des analytischen Diskurses zu konstituieren scheint als jener Gebrauch, der vom Buchstaben durch die Mathematik gemacht ist. Der Buchstabe enthüllt im Diskurs das, was, nicht durch Zufall, nicht ohne Notwendigkeit, die Grammatik genannt wird. Die Grammatik ist das, was sich von der Sprache enthüllt nur beim Schrieb.
Jenseits der Sprache, dieser Effekt, der sich produziert, indem er sich allein auf die Schrift stützt, ist sicherlich das Ideal der Mathematik. Nun, sich die Referenz auf das Geschriebene zu verweigern, das ist, sich zu untersagen das, was, von allen Spracheffekten, hinkommen kann, sich zu artikulieren. Diese Artikulation macht sich in dem, was resultiert aus der Sprache, was wir auch tun mögen, nämlich ein unterstelltes Diesseits und Jenseits.
Ein Diesseits unterstellen — wir spüren wohl, das es da nur eine intuitive Referenz gibt. Und gleichwohl, diese Unterstellung ist uneliminierbar, da die Sprache in ihrem Signifikatseffekt je nur neben dem Referenten ist. Folglich, ist es nicht wahr, daß die Sprache uns das Sein auflädt und uns als solche dazu nötigt zuzugeben, daß, vom Sein, wir je nichts haben?
Woran wir uns gewöhnen müssen, ist, jenem Sein, das fliehen würde, das *par-être* zu substituieren also das Sein *para,* das Sein daneben.
Ich sage, das *par-être* und nicht, das paraître, wie man's seit jeher gesagt hat, das Phänomen, dieses, jenseits dessen es dieses Ding geben soll, Noumenon — es hat uns in der Tat geführt, geführt zu allen Undurch-

sichtigkeiten, die sich zu Recht benennen als Obskurantismus. Es ist an dem Punkt eben, von wo die Paradoxien all dessen entspringen, was hinkommt, sich zu formulieren als Effekt von Schrieb, daß sich das Sein präsentiert, sich präsentiert immer, als aus par-être. Man müßte lernen zu konjugieren, wie sich's gehört — je par-suis, tu par-es, il par-est, nous par-sommes und so weiter.

Es ist wohl in Verbindung mit dem par-être, daß wir artikulieren müssen das, was suppliert dem Geschlechtsverhältnis als inexistentem. Es ist klar, daß in all dem, was sich davon nähert, die Sprache sich manifestiert nur aus ihrem Unvermögen.

Was dem Geschlechtsverhältnis suppliert, ist präzise die Liebe.

Der Andere, der Andere als Ort der Wahrheit, ist der einzige Platz, wenn auch irreduzibel, den wir dem Ausdruck göttliches Sein geben können, Gott, um ihn bei seinem Namen zu nennen. Gott ist eigentlich der Ort, wo, wenn Sie mir das Spiel damit erlauben, sich produziert *le dieu — le dieur — le dire*. Um ein Nichts, das sagen, das macht Gott. Und so lange etwas gesagt werden wird, wird die Hypothese Gott da sein.

Das macht, daß es alles in allem als wahrhaft atheistische nur die Theolo- 45
gen geben kann, das heißt die, die davon, von Gott, sprechen.

Kein anderes Mittel es zu sein, es sei denn, seinen Kopf in seinen Armen zu verstecken im Namen von ich weiß nicht welchem Bammel, als ob jemals dieser Gott tatsächlich irgendeine Anwesenheit bekundet hätte. Hingegen ist es unmöglich, irgendetwas zu sagen, ohne Ihn sogleich fortbestehen zu machen in der Form des Anderen.

Chose, die völlig offensichtlich ist in der geringsten Bewegung dieser Sache, die ich verabscheue, aus den besten Gründen, das heißt die Geschichte.

Die Geschichte ist genau dazu gemacht, um uns die Vorstellung zu geben, daß sie irgendeinen Sinn hat. Hingegen, das erste, was wir zu tun haben, ist, von dem auszugehen, daß wir da vor einem Sagen sind, das das Sagen eines anderen ist, der uns seine Dummheiten, seine Verlegenheiten, seine Verhinderungen, seine Erregungen erzählt, und daß es sich da darum handelt zu lesen was? — nichts anderes als die Effekte dieser Sprüche. Diese Effekte, wir sehen ja, in was das die sprechenden Sein schüttelt, umtreibt, plagt. Damit das zu etwas führen kann, muß das wohl dienen, und zwar dazu dienen, mein Gott, daß sie sich einrichten, daß sie sich anpassen, daß sie, mit Hinken und Stolpern, trotzdem hinkommen, einen Schatten von ein klein wenig Leben zu geben diesem sogenannten Gefühl von Liebe.

Es muß, es muß wohl, es muß dauern encore. Es muß, durch das Mittel dieses Gefühls, letztlich hinauslaufen — wie das die Leute recht gut gesehen haben, die, im Blick auf all das, ihre Vorkehrungen getroffen haben unter dem Schirm der Kirche – auf die Fortpflanzung der Körper.

Aber könnte es nicht sein, daß die Sprache andere Effekte hätte, als die Leute an der Nase herumzuführen, sich fortzupflanzen encore, en corps à corps und im Körper inkarniert?

Es gibt immerhin einen anderen Spracheffekt, der der Schrieb ist.

4

Vom Schrieb, seitdem die Sprache existiert, haben wir Wandlungen gesehen. Was sich schreibt, das ist der Buchstabe, und der Buchstabe ist nicht immer auf die gleiche Weise fabriziert worden. Darüber treibt man Geschichte, die Geschichte der Schrift, und man zerbricht sich den Kopf sich auszumalen, wozu die Piktographien der Mayas oder Azteken wohl dienen mochten, und, etwas weiter entfernt, die Steine des Mas d'Azil — was mochte das wohl sein, diese komischen Würfel, was spielte man damit?

Solche Fragen zu stellen, das ist die gewöhnliche Funktion der Historie. Man müßte sagen — vor allem rühren Sie nicht an la hache, Initiale der Historie. Das wäre eine gute Art, die Leute zurückzuführen zum ersten der Buchstaben, demjenigen, auf den ich mich beschränke, den Buchstaben A — übrigens beginnt die Bibel erst beim Buchstaben B, sie hat den Buchstaben A gelassen — damit ich ihn übernehme.

46 Es gibt da vieles, sich kundig zu machen, nicht indem man den Steinen des Mas d'Azil nachforscht, nicht einmal, wie ich es einst machte für mein gutes Publikum, mein Publikum aus Analytikern, indem ich die Einkerbung auf dem Stein nahm, um den einzigen Zug zu erklären — das war in Reichweite ihres Verständnisses — sondern indem ich näher zusah, was die Mathematiker machen mit den Buchstaben, seitdem, einer gewissen Anzahl von Dingen zum Trotz, sie sich drangemacht haben, in der fundiertesten Weise, unter dem Namen Mengenlehre, wahrzunehmen, daß man das Ein angehen konnte auf eine andere Weise als intuitiv, verschmelzend, verliebt.

Wir sind nur eins. Ein jeder weiß freilich, daß es noch nie geschehen ist zwischen zweien, daß sie nur eins bilden, aber schließlich *wir sind nur eins*. Von da geht die Idee von Liebe aus. Das ist wahrhaftig die gröbste Art, dem Geschlechtsverhältnis, diesem Begriff, der sich entzieht offenbarerweise, sein Signifikat zu geben.

Der Beginn der Weisheit müßte sein, anzufangen wahrzunehmen, daß es darin ist, daß der alte Vater Freud Wege gebahnt hat. Von da eben bin ich ausgegangen, weil es mich selbst ein klein wenig berührt hat. Das könnte gleich wen sonst berühren, nicht wahr, wenn er gewahr wird, daß die Liebe, wenn es wahr ist, daß sie Verhältnis hat mit dem Ein, nie irgendjemand herausgehen macht aus sich selbst. Wenn es das ist, all das, und nichts als das, was Freud gesagt hat, als er die Funktion der narzißtischen Liebe einführte, dann merkt alle Welt, hat gemerkt, daß das Problem ist, wie es eine Liebe geben kann für einen anderen.

Dieses Ein, womit alle Welt den Mund voll hat, ist zunächst von der Art jener Täuschung des Ein, das man von sich glaubt zu sein. Das heißt nicht, daß da der ganze Horizont sei. Es gibt so viele Ein, wie man will — die sich dadurch charakterisieren, sich zu gleichen jedes in nichts, siehe die erste Hypothese des *Parmenides*.

Die Mengenlehre bedeutet einen Einbruch, indem sie dies setzt — sprechen wir vom Ein für Dinge, die unter sich strikt keinerlei Verhältnis haben. Stellen wir Objekte des Denkens zusammen, wie man sagt, Objekte der Welt, ein jedes zählt als eines. Versammeln wir diese absolut heterokliten Dinge und geben wir uns das Recht, diese Versammlung zu bezeichnen durch einen Buchstaben. So drückt sich bei ihrem Beginn die Mengenlehre aus, die zum Beispiel, die ich das letzte Mal erwähnt habe unter dem Namen von Nicolas Bourbaki.

Sie haben es durchgehen lassen, daß ich gesagt habe, der Buchstabe bezeichne eine Versammlung. So ist es gedruckt im Text der endgültigen Ausgabe, zu der die Autoren — wie Sie wissen, es sind mehrere — schließlich ihre Zustimmung gegeben haben. Sie verwenden große Sorgfalt zu sagen, daß die Buchstaben Versammlungen bezeichnen. Eben da ist ihre Ängstlichkeit und ihr Irrtum — die Buchstaben *machen* die Versammlungen, die Buchstaben *sind*, und bezeichnen nicht, diese Versammlungen, sie sind genommen als funktionierend als diese Versammlungen selbst.

Sie sehen, indem ich noch dieses *als* bewahre, halte ich mich an die Ordnung dessen, was ich vorbringe, wenn ich sage, daß das Unbewußte strukturiert ist als eine Sprache. Ich sage *als*, um nicht zu sagen, ich komme darauf immer zurück, daß das Unbewußte strukturiert ist *durch* 47

eine Sprache. Das Unbewußte ist strukturiert, wie die Versammlungen, um die es sich handelt in der Mengenlehre, wie Buchstaben sind.
Da es sich für uns darum handelt, die Sprache zu nehmen als das, was funktioniert, um der Absenz zu supplieren des einzigen Teils des Realen, der nicht hinzukommen vermag, sich zu formen als Sein, das heißt das Geschlechtsverhältnis — welche Stütze können wir finden, zu lesen nur die Buchstaben? Im Spiel selbst des mathematischen Schriebs haben wir den Orientierungspunkt zu finden, uns nach ihm zu richten, um, aus dieser Praxis, aus diesem neuen sozialen Band, das auftaucht und sich eigenartig ausdehnt, der analytische Diskurs, das zu ziehen, was man daraus ziehen kann bezüglich der Funktion der Sprache, dieser Sprache, worauf wir vertrauen, auf daß dieser Diskurs Wirkungen habe, ohne Zweifel mäßige, aber hinreichend erträgliche — auf daß dieser Diskurs die anderen Diskurse tragen und ergänzen könne.
Seit einiger Zeit ist es klar, daß der universitäre Diskurs sich schreiben muß *uni-vers-Cythère*, weil er ja die Sexualerziehung verbreiten muß. Wir werden sehen, zu was das führen wird. Vor allem darf man sich dem nicht widersetzen. Daß von diesem Punkt des Wissens aus, der sich setzt genau in der autoritären Situation des Scheins, sich etwas zu verbreiten vermag, das als Effekt hätte, die Verhältnisse der Geschlechter zu verbessern, ist sicher sehr dazu angetan, einen Analytiker zum Schmunzeln zu bringen. Aber nach allem, wer weiß?
Wir haben es gesagt bereits, das Lächeln des Engels ist das blödeste aller Lächeln, man sollte sich also nie damit brüsten. Aber es ist klar, daß die Idee bereits, an der Wandtafel etwas zu demonstrieren, was sich auf die Sexualerziehung bezieht, vom Blickpunkt des Diskurses des Analytikers aus, nicht voller Versprechungen auf günstige Begegnungen oder auf Glück erscheint.
Wenn es etwas gibt, das, in meinen *Schriften*, zeigt, daß meine gute Orientierung, denn von dieser versuche ich Sie zu überzeugen, nicht von gestern datiert, dann ist es wohl, daß am Morgen nach einem Krieg, wo augenscheinlich nichts ein besseres Morgen zu versprechen schien, ich *Die logische Zeit und die Assertion der antizipierten Gewißheit* geschrieben habe. Man vermag sehr gut darin zu lesen, wenn man schreibt und nicht nur wenn man Gehör hat, daß die Funktion der Hast bereits dieses klein *a* ist, das sie thetisiert. Ich habe da die Tatsache zur Geltung gebracht, daß etwas wie eine Intersubjektivität zu einem heilvollen Ausgang führen kann. Aber was verdiente näher betrachtet zu werden, ist, was ein jedes der Subjekte stützt, nicht eines unter anderen zu sein,

sondern, im Verhältnis zu den zwei anderen, das zu sein, was der Einsatz ihres Denkens ist. Jedes intervenierend in diese Dreiheit nur als dieses Objekt *a*, das es ist, unter dem Blick der anderen.

Mit anderen Worten, sie sind drei, aber in Wirklichkeit sind sie zwei plus *a*. Dieses zwei plus *a*, im Punkt des *a*, reduziert sich, nicht auf die zwei anderen, sondern auf ein Ein plus *a*. Sie wissen übrigens, daß ich diese Funktionen bereits gebraucht habe, um zu versuchen, Ihnen das Inadäquate darzustellen des Verhältnisses des Ein zum Anderen, und daß ich bereits zur Stütze diesem klein *a* die irrationale Zahl gegeben habe, die die sogenannte goldene Zahl ist. Denn insofern, vom klein *a* aus, die zwei 48
anderen genommen werden als Ein plus *a*, funktioniert das, was führen kann zu einem Ausgang in der Hast.

Diese Identifizierung, die sich produziert in einer ternären Artikulation, gründet sich daraus, daß in keinem Fall sich für Stützen halten können zwei als solche. Zwischen zweien, welche sie auch seien, gibt es immer das Ein und das Andere, das Ein und das klein *a*, und das Andere kann, in keinem Fall, genommen werden als ein Ein.

Es ist, so sich im Schrieb etwas Brutales abspielt, für Einen zu nehmen alle Einen, die man will, daß die Unwege, die sich so enthüllen, durch sich selbst, für uns, ein möglicher Zugang sind zum Sein und eine mögliche Funktion dieses Seins, in der Liebe.

Ich will zum Ende kommen, indem ich zeige, wodurch das Zeichen sich unterscheidet vom Signifikanten.

Der Signifikant, habe ich gesagt, ist dadurch charakterisiert, ein Subjekt zu repräsentieren für einen anderen Signifikanten. Worum handelt es sich beim Zeichen? Seit je bemüht die kosmische Theorie der Erkenntnis, die Weltauffassung, das berühmte Beispiel vom Rauch, den es nicht gibt ohne Feuer. Und warum sollte ich hier nicht vorbringen, was mir scheint? Der Rauch kann genausogut das Zeichen des Rauchers sein. Und sogar, er ist es immer, dem Wesen nach. Es gibt Rauch nur als Zeichen des Rauchers. Jeder weiß, daß, wenn Sie einen Rauch sehen, im Augenblick, wo Sie eine einsame Insel betreten, Sie sich sofort sagen, daß alles dafür spricht, daß es da jemanden gibt, der Feuer zu machen weiß. Bis auf weiteres wird das ein anderer Mensch sein. Das Zeichen ist also nicht das Zeichen von etwas, sondern von einem Effekt, der das ist, was sich unterstellt als solches aus einem Funktionieren des Signifikanten.

Dieser Effekt ist das, was Freud uns beibringt, und er ist der Ausgangspunkt des analytischen Diskurses, nämlich das Subjekt.

Das Subjekt ist nichts anderes — ob es Bewußtsein davon haben mag oder nicht, von welchem Signifikanten es der Effekt ist — als das, was gleitet in einer Signifikantenkette. Dieser Effekt, das Subjekt, ist der vermittelnde Effekt zwischen dem, was einen und einen anderen Signifikanten charakterisiert, das heißt, zu sein ein jeder, zu sein ein jeder ein Element. Wir kennen keine andere Stütze, wodurch das Ein in die Welt eingeführt wäre, es sei denn den Signifikanten als solchen, das heißt, sofern wir lernen, ihn zu trennen von seinen Signifikatseffekten.

In der Liebe ist, was anvisiert ist, das Subjekt, das Subjekt als solches, so es unterstellt ist einem artikulierten Satz, einem etwas, das sich ordnet oder sich ordnen kann von einem ganzen Leben her.

Ein Subjekt, als solches, hat nicht viel zu tun mit dem Genießen. Aber im Gegensatz dazu ist sein Zeichen fähig, das Begehren hervorzurufen. Da ist der Bereich der Liebe. Die Wegstrecke, die wir nächstens fortsetzen wollen, wird Ihnen zeigen, wo sich die Liebe und das sexuelle Genießen treffen.

16. Januar 1973

49 V

ARISTOTELES UND FREUD: DIE ANDERE BEFRIEDIGUNG

Die Trakassiererei von Aristoteles
Das Nichtnachkommen von Genießen und die Befriedigung am Blablabla
Die Entwicklung, Hypothese der Beherrschung
Der Genuß konveniert nicht dem Geschlechtsverhältnis

Alle Bedürfnisse des sprechenden Seins sind kontaminiert durch die Tatsache, eingeschlossen zu sein in einer anderen Befriedigung — unterstreichen Sie diese drei Wörter — *dem nicht nachzukommen ihnen möglich ist.*

Dieser erste Satz, den ich, als ich aufwachte heute morgen, zu Papier brachte, damit Sie ihn aufschreiben sollen — dieser erste Satz bringt die Opposition einer anderen Befriedigung und von Bedürfnissen ein — wenn es so ist, daß dieser Begriff, auf den gewöhnlich zurückgegriffen wird, sich so leicht fassen ließe, denn, schließlich, er läßt sich nur fassen darin, nicht nachzukommen dieser anderen Befriedigung.

Die andere Befriedigung, Sie sollten es hören, ist das, was sich befriedigt auf der Ebene des Unbewußten — und zwar insofern etwas sich dort sagt und nicht sich dort sagt, wenn es wahr ist, daß es strukturiert ist wie eine Sprache.

Ich nehme hier wieder auf, worauf ich mich schon ein Weilchen beziehe, nämlich das Genießen, von dem diese andere Befriedigung abhängt, die, die sich stützt auf die Sprache.

1

Handelnd vor langer Zeit, sehr langer Zeit, von der Ethik der Psychoanalyse, bin ich ausgegangen von nichts Geringerem als der *Nikomachischen Ethik* des Aristoteles.

Das kann sich lesen lassen. Es gibt nur ein Malheur für einige hier, nämlich daß das sich nicht lesen läßt auf Französisch. Es ist offenbar unübersetzbar. Es gab bei Garnier seinerzeit etwas, das mich glauben machen konnte, es gäbe eine Übersetzung, von einem gewissen Voilquin. Das ist ein Universitätsmensch, klar. Es liegt nicht an ihm, wenn das Griechische sich nicht übersetzen läßt ins Französische. Die Dinge haben
sich so entwickelt, daß man Ihnen bei Garnier, der sich außerdem zusam- 50
mengetan hat mit Flammarion, nurmehr den französischen Text gibt — ich muß sagen, daß die Verleger mich in Rage bringen. Sie merken dann, wenn Sie das lesen ohne das Griechische im Blick, daß Sie nicht draus kommen. Es ist schlechthin unverständlich.

Tout art et toute recherche, de même que toute action et toute délibération réfléchie — welches Verhältnis zwischen diesen vier Sachen da? — *tendent semble-t-il vers quelque bien. Aussi a-t-on eu parfois parfaitement raison de définir le bien: ce à quoi on tend en toutes circonstances. Toutefois* — das kommt hier wie das Haar in der Suppe, davon war noch nicht die Rede — *il paraît bien qu'il y a une différence entre les fins.*

Ich wette, daß keiner diesen dicken Brei klären kann ohne überquellende Kommentare, die Bezug nehmen auf den griechischen Text. Es ist trotzdem unmöglich zu denken, daß das so ist, einfach weil es sich um schlecht gemachte Aufzeichnungen handelt. Es gehen, so beiläufig, mit der Zeit, einige Glühwürmchen auf im Geist der Kommentatoren, es fällt ihnen ein, daß, wenn sie gezwungen sind, sich so viel Mühe zu geben, es dafür vielleicht einen Grund gibt. Es ist keineswegs zwangsläufig so, daß Aristoteles, daß das undenkbar sei. Ich werde darauf zurückkommen.

Was mich betrifft, so ist das, was sich geschrieben fand, getippt ausgehend von der Stenographie, von dem, was ich gesagt hatte von der Ethik, den Leuten mehr als brauchbar erschienen, die sich in dem Moment damit abgaben, mich der Aufmerksamkeit der *Internationalen der Psychoanalyse* anzuzeigen, mit dem Resultat, das man kennt. Es hätte ihnen ja gefallen, daß sie trotzdem herumflattern, diese Reflexionen darüber, was die Psychoanalyse an Ethischem mit sich führt. Das wäre ein voller Gewinn gewesen — ich, ich wäre abgesoffen, und die *Ethik der Psychoanalyse* hätte sich über Wasser gehalten. Dies ein Beispiel dafür, daß das Kalkül nicht genügt — ich habe verhindert, daß diese *Ethik* erschien. Ich habe mich dem widersetzt von dem Gedanken her, daß die Leute, die mich nicht haben wollen, ich, ich suche sie nicht zu überzeugen. Il ne faut pas convaincre. Das Eigentliche der Psychoanalyse, das ist, ne pas vaincre, con ou pas.

Es war trotzdem ein Seminar, nicht mal so übel, alles zusammengenommen. Damals hatte es jemand, der nicht im geringsten beteiligt war an dem Kalkül von eben, redigiert, einfach so, frank gespielt wie Geld, ganz beherzt. Er hatte daraus einen Schrieb gemacht, einen Schrieb von ihm. Er dachte übrigens nicht im Traum daran, es zu klauen, und er hätte es rausgebracht genau so, wenn ich nur gewollt hätte. Ich habe nicht gewollt. Das ist vielleicht heute von allen Seminaren, die jemand anders erscheinen lassen muß, das einzige, das ich selbst wiederschreiben werde und aus dem ich einen Schrieb machen werde. Es muß ja wohl sein, daß ich eines mache, trotz allem. Warum also nicht das da wählen?

Es gibt keinen Grund, sich nicht auf die Probe zu stellen und nicht zu sehen, wie dieses Gebiet, aus dem Freud sein Feld gemacht hat, andere vor ihm sahen. Das ist eine andere Art zu erproben, worum es sich handelt, nämlich daß dieses Gebiet nur denkbar ist dank den Instrumenten, mit denen man operiert, und daß die einzigen Instrumente, mit denen das Zeugnis befördert wird, Schriften sind. Eine ganz einfache Probe macht
51 das spürbar — wenn Sie sie lesen in der französischen Übersetzung, die *Nikomachische Ethik*, werden Sie nichts verstehen, sicher, aber auch nicht weniger als bei dem, was ich sage, also genügt es doch.

Aristoteles, das ist nicht verständlicher als das, was ich Ihnen erzähle. Es ist es weniger, da es mehr Dinge aufrührt, und Dinge, die uns ferner sind. Aber es ist klar, daß diese andere Befriedigung, von der ich eben sprach, exakt jene ist, die sich ausmachen läßt, als auftauchend woraus? — ja, meine lieben Freunde, unmöglich, dem auszukommen, wenn Sie der Sache auf den Grund gehen — aus den Universalien, dem Guten, dem Wahren, dem Schönen.

Daß es diese drei Besonderungen geben soll, verleiht einen pathetischen Aspekt der Annäherung, die bestimmte Texte unternehmen, jene, die herrühren von einem *autorisierten* Denken, mit dem Sinn in Gänsefüßchen, den ich diesem Ausdruck gebe, nämlich ein Denken, überliefert unter einem Autornamen. Eben das geschieht mit bestimmten Texten, die auf uns kommen aus dem, was ich zweimal ansehe, ehe ich es eine sehr alte Kultur nenne — das ist nicht Kultur.

Die Kultur als unterschieden von der Gesellschaft, das existiert nicht. Die Kultur, das ist justament, daß es uns hält. Wir haben sie nur noch auf dem Rücken wie eine Plage, denn wir wissen nicht, was mit ihr anfangen, es sei denn, uns von ihr zu entlausen. Ich, ich rate Ihnen sie zu behalten, denn das kitzelt und das weckt. Das wird ihre Gefühle wecken, die eher dazu neigen, etwas stumpf zu werden unter dem Einfluß der Umstände, das heißt dessen, was die anderen, die danach kommen werden, Ihre Kultur nennen werden. Das wird für sie Kultur geworden sein, weil Sie dann schon lange drunten sein werden und mit Ihnen all das, was Sie stützen an sozialem Band. Letztlich, es gibt nur das, das soziale Band. Ich bezeichne es mit dem Ausdruck Diskurs, weil es kein anderes Mittel gibt, es zu bezeichnen, wenn man einmal bemerkt hat, daß das soziale Band sich nur so einrichtet, daß es sich in der Art und Weise verankert, in der die Sprache sich situiert und sich einprägt, sich situiert auf dem, was grummelt, nämlich das sprechende Sein.

Man darf sich nicht wundern, daß frühere Diskurse, und dann wird's auch noch andere geben, nicht mehr denkbar seien für uns, oder sehr schwer. So wie es Ihnen bei dem Diskurs, den ich, meinerseits, versuche zutage zu fördern, nicht sofort zugänglich ist, ihn zu verstehen, so ist es auch nicht sehr leicht, von da aus, wo wir sind, den Diskurs von Aristoteles zu verstehen. Aber ist das ein Grund dafür, das er nicht denkbar sei? Es ist ganz klar, daß er es ist. Nur wenn wir uns einbilden, daß Aristoteles etwas sagen will, macht uns zu schaffen, was er umkreist. Was fängt er in seinem Netz, in seinem Geflecht, was zieht er heraus, was handhabt er, womit hat er es zu tun, mit wem schlägt er sich, was behauptet er, was bearbeitet er, was verfolgt er?

Klar, in den ersten vier Zeilen, die ich Ihnen gerade gelesen habe, verstehen Sie die Wörter, und Sie nehmen doch an, daß das etwas heißen soll, aber sie wissen nicht was, natürlich. *Tout art, toute recherche, toute action*
— all das, was soll das heißen? Aber nun, weil Aristoteles dergleichen viel 52
gebracht hat in der Folge, und weil es auf uns kommt gedruckt, nachdem es abgeschrieben worden ist während einer langen Zeit, nimmt man an, daß es etwas gibt, das greift in der Mitte von all dem. Mithin stellen wir uns die Frage, die einzige — wo befriedigte das sie, Sachen wie solche?

Wenig wichtig, welches damals die Verwendung war. Man weiß, daß es umging, daß es Bände von Aristoteles gab. Das lenkt uns ab, und zwar genau darin — die Frage *woraus befriedigte das sie* ist übersetzbar nur in der Weise *wo hätte es Fehl gegeben zu einem gewissen Genuß*? Anders gesagt, warum, warum trakassierte er sich so?

Sie haben recht gehört — Fehl, Nichtnachkommen, etwas, das nicht geht, etwas rutscht weg in dem, was offenbar anvisiert ist, und dann kommt es gleich so — das Gute und das Glück. Du bi, du bien, du benêt!

2

Die Realität wird angegangen mit den Apparaten des Genießens.

Hier noch eine Formel, die ich Ihnen vorschlage, wenn es so ist, daß wir uns eben auf das zentrieren, daß an Apparat es keinen anderen gibt als die Sprache. So ist es, daß beim sprechenden Sein das Genießen apparathaft ist.

Das ist es, was Freud sagt, wenn wir die Aussage des Lustprinzips korrigieren. Er hat es so gesagt, weil es andere gab, die gesprochen hatten vor ihm, und es die Art war, die ihm die hörbarste schien. Das ist sehr leicht festzustellen, und die Verbindung von Aristoteles mit Freud hilft bei dieser Feststellung.

Ich stoße weiter vor, am Punkt, wo sich das jetzt machen läßt, sagend, daß das Unbewußte strukturiert ist wie eine Sprache. Ausgehend von da läßt sich diese Sprache erhellen, ohne Zweifel, indem sie sich setzt als Apparat des Genießens. Aber umgekehrt, vielleicht zeigt das Genießen, daß in sich selbst es ein Nichtnachkommen ist — denn, damit das so sei, muß etwas auf seiner Seite hinken.

Die Realität wird angegangen mit den Apparaten des Genießens. Das will nicht heißen, daß das Genießen vorgängig ist zur Realität. Das da ist auch ein Punkt, wo Freud Anlaß gegeben hat zu Mißverständnissen irgendwo — Sie werden das in dem finden, was im Französischen zusammengefaßt ist als *Essais de Psychanalyse* — indem er spricht von Entwicklung.

Es gibt, sagt Freud, ein *Lust-Ich* vor einem *Real-Ich*. Das ist ein Gleiten, eine Rückkehr auf die Schiene, jene Schiene, die ich die Entwicklung nenne und die nur eine Hypothese der Beherrschung ist. Sozusagen daß das Baby, nichts zu schaffen mit dem *Real-Ich*, armes Würmchen, unfähig zur geringsten Idee dessen, was das ist, das Reale. Das ist den Leuten vorbehalten, die wir kennen, diese Erwachsenen, von denen, im übrigen, ausdrücklich gesagt ist, daß sie es nie schaffen können, aufzuwachen — wenn in ihrem Traum etwas geschieht, das überzugehen drohte zum
53 Realen, macht sie das so verrückt, daß sie sofort aufwachen, das heißt fortfahren zu träumen. Es genügt zu lesen, es genügt, da zu sein ein wenig, es genügt, sie leben zu sehen, es genügt, sie in Psychoanalyse zu haben, um gewahr zu werden, was das heißt, die Entwicklung.

Wenn man *primär* und *sekundär* sagt für die Vorgänge, dann ist da womöglich eine Redeweise, die Illusion erzeugt. Sagen wir jedenfalls, daß, nur weil ein Vorgang primär genannt wird — man kann sie benennen, wie man will, schließlich — er nicht auch als erster auftritt. Was mich betrifft, ich habe nie ein Baby angesehen und dabei das Gefühl gehabt, daß es für es Außenwelt nicht gäbe. Es ist vollkommen deutlich, daß es nur das sieht und daß das es erregt, und zwar, mein Gott, in dem Maße genau, wo es noch nicht spricht. Von dem Augenblick an, wo es spricht, von diesem Augenblick an ganz genau, nicht vorher, verstehe ich, daß es Verdrängung gibt. Der Vorgang des *Lust-Ichs* ist vielleicht primär, warum nicht, er ist offensichtlich primär, sobald wir beginnen werden zu denken, aber er ist sicher nicht das Erste.

Die Entwicklung vermischt sich mit der Entwicklung von Beherrschung. Eben da muß man ein wenig ein Ohr haben, wie für die Musik — ich bin *m'être,* ich schreite voran in der *m'êtrise,* ich bin *m'être* meiner selbst wie des Universums. Eben da ist das, wovon ich vorher sprach, das *con-vaincu.* Das Universum ist eine Blüte von Rhetorik. Dieses literarische Echo könnte vielleicht helfen zu verstehen, daß auch das Ich Blüte von Rhetorik sein kann, die aus dem Topf des principe du plaisir wächst, das Freud *Lustprinzip* nennt, und das ich definiere aus dem, was sich befriedigt am Blablabla.

Das ist es, was ich sage, wenn ich sage, daß das Unbewußte strukturiert ist wie eine Sprache. Ich muß die Tüpfelchen auf die i setzen. Das Universum — Sie können sich vielleicht immerhin jetzt davon Rechenschaft geben, aufgrund dessen wie ich den Gebrauch von bestimmten Wörtern akzentuiert habe, das Alles und das Nicht-Alles und ihre unterschiedliche Anwendung bei den zwei Geschlechtern — das Universum, das ist, wo, sozusagen, alles gelingt.

Werde ich jetzt daran gehen, in William James zu machen? Gelingt was? Ich kann Ihnen die Antwort sagen, an dem Punkt, wo, mit der Zeit, ich hoffe Sie endlich ankommen gemacht zu haben — gelingt, verfehlen zu lassen das Geschlechtsverhältnis, auf die männliche Art.

Normalerweise müßte ich hier Grinser ernten — doch leider, nichts zeigt sich. Die Grinser müßten sagen — *Ah, jetzt sitzen Sie fest, zwei Arten sie zu verfehlen, die Affär, das Geschlechtsverhältnis.* So also moduliert sich die Musik des Epithalamions. Das Epithalamion, das Duo — man muß die zwei unterscheiden — das Alternieren, der Liebesbrief, das ist nicht das Geschlechtsverhältnis. Sie kreisen um die Tatsache, daß es das Geschlechtsverhältnis nicht gibt.

Es gibt also die männliche Art, darum zu kreisen, und dann die andere, die ich nicht anders bezeichne, weil es das ist, was ich dieses Jahr dabei bin herauszuarbeiten — wie, auf die weibliche Art, sich das herausarbeitet. Es 54
arbeitet sich heraus aus dem Nicht-Alles. Nur, weil bis jetzt das nicht

sonderlich erforscht worden ist, das Nicht-Alles, macht es mir offenbar ein wenig Mühe.

Darüber werde ich Ihnen ein Geschichtchen erzählen, um Sie ein wenig zu zerstreuen.

Mitten beim Wintersport glaubte ich, um ein Wort zu halten, mich bis nach Mailand mit der Eisenbahn bewegen zu müssen, was einen ganzen Tag machte, dorthin zu gehen. Kurz, ich war in Mailand, und da ich nicht vermag, nicht an dem Punkt zu bleiben, wie weit ich bin, ich bin halt so — ich habe gesagt, daß ich *Die Ethik der Psychoanalyse* noch einmal machen werde, das aber, weil ich sie wieder ausziehe — hatte ich diesen absolut verrückten Titel den Mailändern für einen Vortrag gegeben, die nie davon haben sprechen hören, *Die Psychoanalyse in ihrem Bezug auf das Geschlechtsverhältnis.* Sie sind sehr intelligent. Sie haben so gut zugehört, daß sofort, noch am gleichen Abend, in der Zeitung geschrieben stand — *Für den Docteur Lacan existieren die Damen,* le donne, *nicht*!

Es ist wahr, was wollen Sie, wenn das Geschlechtsverhältnis nicht existiert, gibt es keine Damen. Es gab da eine Person, die wütend war, es war eine Dame vom MLF da unten. Sie war wirklich ... ich habe ihr gesagt — *Kommen Sie morgen früh, ich werde Ihnen erklären, um was es sich handelt.*

Diese Sache mit dem Geschlechtsverhältnis, wenn es einen Punkt gibt, von wo aus sich das erhellen ließe, dann just von der Seite der Damen, insofern es sich darum handelt, von der Ausarbeitung des Nicht-Alles her den Weg zu bahnen. Das ist mein wahres Sujet dieses Jahres, hinter diesem *Encore,* und es ist ein Sinn meines Titels. Vielleicht wird es mir gelingen so, Neues herauszubringen über die weibliche Sexualität.

Es gibt etwas, das von diesem Nicht-Alles schlagend Zeugnis gibt. Sehen Sie, wie, mit einer dieser Nuancen, dieser Bedeutungsoszillationen, die sich in der Sprache produzieren, das Nicht-Alles den Sinn wechselt, wenn ich Ihnen sage — *unsere Kollegen, die Damen Analytiker, über die weibliche Sexualität sagen sie uns ... nicht alles!* Das ist durchaus frappant. Sie haben die Frage der weiblichen Sexualität nicht um ein Ende vorangebracht. Es muß dafür einen inneren Grund geben, gebunden an die Struktur des Apparats des Genießens.

3

Ich komme zurück auf das, was ich mir eben aufgeladen habe als Einwände gegen mich selbst, durchaus ganz allein, nämlich, daß es eine Art geben soll, das männliche Geschlechtsverhältnis zu verfehlen, und dann eine andere. Dieses Verfehlen ist die einzige Form der Realisierung dieses Verhältnisses, wenn, wie ich es setze, es Geschlechtsverhältnis nicht gibt. Also zu sagen *alles gelingt* hindert nicht zu sagen *nicht-alles gelingt*, weil
es sich da ebenso verhält — es geht fehl. Es handelt sich nicht darum zu 55
analysieren, wie es gelingt. Es handelt sich darum, zu wiederholen bis zum Geht-nicht-mehr, warum es fehlgeht.

Es geht fehl. Das ist objektiv. Ich habe darauf bereits insistiert. Es ist sogar so schlagend, daß es objektiv ist, daß man darauf, im analytischen Diskurs, zentrieren muß, was es mit dem Objekt auf sich hat. Das Fehlgehen, das ist das Objekt.

Ich habe es schon seit langem gesagt, das gute und das böse Objekt, worin sie sich unterscheiden. Es gibt das gute, es gibt das böse, oh la la! Nur, heute versuche ich davon auszugehen, von dem, was zu tun hat mit dem guten, das Gute, und von dem, was Freud sagt. Das Objekt, das ist ein Verfehltes. Das Wesen des Objekts, das ist das Fehlgehen.

Sie werden bemerken, daß ich gesprochen habe vom Wesen, ganz wie Aristoteles. Und? Das will heißen, daß diese alten Wörter durchaus brauchbar sind. Zu einer Zeit, wo ich weniger auf der Stelle getreten bin als heute, bin ich sofort dazu übergegangen nach Aristoteles. Ich habe gesagt, daß, wenn etwas ein wenig die Atmosphäre gereinigt hatte nach diesem ganzen griechischen Auf-der-Stelle-Treten im Zusammenhang mit dem Eudämonismus, es wohl die Entdeckung des Utilitarismus gewesen ist.

Das hat den Zuhörern, die ich damals hatte, weder heiß noch kalt gemacht, weil der Utilitarismus, davon hatten sie noch nie sprechen hören — so daß sie keinen Irrtum begehen konnten und auch nicht glauben konnten, daß das der Rückgriff auf das Nützliche war. Ich habe ihnen erklärt, was das war, der Utilitarismus auf der Ebene von Bentham, nämlich überhaupt nicht das, was man glaubt, und daß man, um ihn zu verstehen, die *Theory of Fictions* lesen muß.

Der Utilitarismus, das will nichts anderes besagen als dieses — die alten Wörter, die, die bereits dienen, man muß denken, wozu sie dienen. Nichts weiter. Und sich nicht wundern über das Resultat, wenn man sich ihrer bedient. Man weiß, wozu sie dienen, dazu, daß es das Genießen gebe, qu'il faut. Ungefähr so, daß — Äquivok zwischen *faillir* und *falloir* — das Genießen, das es braucht, das Genießen, das es nicht braucht, übersetzt.

Ja, ich lehre da etwas Positives. Außer daß sich das ausdrückt durch eine Negation. Und warum sollte das nicht so positiv sein wie etwas anderes?

Das Nezessäre — was ich Ihnen vorschlage zu betonen auf diese Weise — ist das, was nicht zessiert, was? — sich zu schreiben. Das ist eine sehr gute Weise, aufzuteilen mindestens vier modale Kategorien. Ich werde Ihnen das ein andermal erklären, aber ich gebe Ihnen ein kleines Stück mehr für diesmal. Was nicht zessiert, sich nicht zu schreiben, das ist eine modale Kategorie, die nicht die ist, die Sie erwartet hätten, als die, die sich dem Nezessären entgegensetzt, was vielmehr das Kontingente gewesen wäre. Stellen Sie sich vor, daß das Nezessäre verbunden ist mit dem Unmöglichen und daß dieses *nicht zessiert, sich nicht zu schreiben* dessen Artikulierung ist. Was sich produziert, das ist das Genießen, das
56 es nicht bräuchte. Da ist das Korrelat dessen, daß es kein Geschlechtsverhältnis geben soll, und das ist das Substanzielle der phallischen Funktion.

Ich fahre fort jetzt auf der Ebene des Textes. Es ist das Genießen, das es nicht bräuchte — Konditional. Was uns für seinen Gebrauch die Protasis nahelegt, die Apodosis. S'il n'y avait pas ça, ça irait mieux — Konditional im zweiten Teil. Da ist materiale Implikation, diejenige, an der die Stoiker gewahr wurden, daß das vielleicht das war, was es an Solidestem gab in der Logik.

Das Genießen also, wie wollen wir ausdrücken, was es nicht bräuchte auf seiner Seite, wenn nicht durch dieses — wenn es ein anderes als das phallische Genießen geben sollte, dann bräuchte es nicht, daß es eben es sei.

Das ist sehr hübsch. Man muß sie brauchen, und zwar wirklich aufbrauchen, aufbrauchen bis auf den Faden, Dinge wie die, blöd wie Kohl, die alten Wörter. Das ist eben der Utilitarismus. Und das hat erlaubt, einen großen Schritt zu tun, um loszukommen von den alten Universaliengeschichten, in die man verwickelt war seit Platon und Aristoteles, die sich dahingeschleppt hatten während des ganzen Mittelalters und die noch Leibniz dermaßen erstickten, daß man sich fragt, wie er so intelligent hat sein können. Wenn es ein anderes geben sollte, dann bräuchte es nicht, daß es eben es sei.

Was bezeichnet das, *eben es*? Bezeichnet es das, was, im Satz, das andere ist, oder das, von wo wir ausgegangen sind, um zu bezeichnen dieses andere als anderes? Was ich da sage, hält sich auf der Ebene der materialen Implikation, denn der erste Teil bezeichnet etwas Falsches — *Wenn es ein anderes geben sollte*, aber es gibt kein anderes als das phallische Genießen — außer das, worüber die Frau kein Wort sagt, vielleicht weil sie es nicht kennt, das, was sie nicht-alle macht. Es ist falsch, daß es ein anderes geben sollte, was aber nicht hindert, daß die Folge wahr ist, nämlich, daß es nicht bräuchte, daß es eben es sei.

Sie sehen, daß das völlig korrekt ist. Wenn das Wahre sich vom Falschen ableitet, dann ist es gültig. Das hält, die Implikation. Das einzige, was man nicht einräumen kann, ist, daß aus dem Wahren das Falsche folgen soll. Nicht schlecht gemacht, die Logik. Daß sie darauf gekommen sein sollen, ganz allein, diese Stoiker, das ist stark. Man darf nicht glauben, daß das Dinge waren, die kein Verhältnis hatten zum Genießen. Es genügt, diese Begriffe zu rehabilitieren.

Es ist falsch, daß es ein anderes geben soll. Das wird uns nicht hindern, einmal mehr mit dem Äquivok zu spielen, ausgehend von *faux*, und zu sagen, qu'il ne *faux-drait* pas, daß es eben es sei. Nehmen Sie einmal an, daß es ein anderes geben soll — aber, justament, es gibt keins. Und also, es ist nicht, weil es keines gibt und das *il ne faudrait pas* eben davon abhängt, daß das Fallbeil nicht minder auf jenes fällt, von dem wir ausgegangen sind. Es braucht, daß eben es sei, bei Fehlen — verstehen Sie das als Schuld — bei Fehlen des anderen, das nicht ist.

Das eröffnet uns seitlich, ich sage es Ihnen im Vorbeigehen, eine kleine Bemerkung, die all ihr Gewicht hat in einer Metaphysik. Es können Fälle auftreten, wo, anstatt daß wir uns etwas holten, um uns zu versichern, in diesem Futtertrog der Metaphysik, auch wir, wir ihr etwas unterjubeln könnten. Nun gut, daß das Nicht-Sein nicht sei, man darf nicht vergessen, daß das durch das Sprechen auf das Konto des Seins geschoben wird, dessen Fehler es ist. Es ist wahr, daß es sein Fehler ist, weil, wenn das Sein 57
nicht existierte, wäre man sehr viel ruhiger bei dieser Frage des Nicht-Seins, und es ist also wohlverdient, daß man es ihm vorwirft und daß es im Fehler ist.

Eben darum auch ist's — und das versetzt mich in Wut gelegentlich, von da bin ich ausgegangen übrigens, ich nehme an, daß Sie sich daran nicht erinnern — daß, wenn ich mich soweit vergesse zu *p'oublier*, das heißt zu *tout-blier* — es ist von allem dadrin — ich es verdiene auszulöffeln, daß man von mir spricht und überhaupt nicht von meinem Buch. Genau wie's passierte in Mailand. Vielleicht ist nicht nur von mir gesprochen worden,

als man sagte, daß für mich die Damen nicht existieren, aber gewiß nicht von dem, was ich gerade gesagt hatte.
Alles in allem, dieser Genuß, wenn er an den kommt, der spricht, und nicht für nichts, dann weil das ein kleiner Frühreifer ist. Er hat was zu tun mit diesem famosen Geschlechtsverhältnis, von dem er nur zu sehr Gelegenheit haben wird festzustellen, daß es nicht existiert. Das ist also eher an zweiter als an erster. Bei Freud gibt es davon Spuren. Wenn er von *Urverdrängung* gesprochen hat, dann wohl, weil gerade die wahre, die gute, die alltägliche Verdrängung nicht erste ist — sie ist zweite.
Man verdrängt ihn, den besagten Genuß, weil es nicht passend ist, das er gesagt werde, und das aus dem Grund genau, daß das Sagen davon nur dieses sein kann — als Genuß ist er nicht passend. Ich habe es schon gerade eben vorgebracht über diesen Umweg, das er nicht das ist, was es braucht, sondern das, was es nicht braucht.
Die Verdrängung produziert sich nur, indem sie bezeugt in allem Sagen, im geringsten Sagen, was dieses Sagen, das ich eben angesprochen habe, impliziert, nämlich daß der Genuß nicht paßt — *non decet* — dem Geschlechtsverhältnis. Auf Grund dessen, daß er spricht, besagter Genuß, ist es, das Geschlechtsverhältnis, nicht.
Deshalb wohl tut er besser dran zu schweigen, mit dem Resultat, daß das die Abwesenheit selbst des Geschlechtsverhältnisses noch ein wenig lastender macht. Und deshalb wohl schweigt er schließlich nicht und ist es der erste Effekt der Verdrängung, daß er von etwas anderem spricht. Das ist es, was den Bereich der Metapher bildet.
Voilà. Sie sehen das Verhältnis von alldem mit der Nützlichkeit. Es ist nutzbringend. Das befähigt Sie, zu etwas zu dienen, und das, weil Sie nicht anders zu genießen wissen als genossen zu werden, oder gespielt, denn es ist justament der Genuß, was es nicht bräuchte.

4

Ausgehend von diesem nicht für nicht, das mich heute etwas Wesentliches hat skandieren lassen, müssen wir diese Erhellung angehen, die der eine aus dem anderen, Aristoteles und Freud, finden können. Wir müssen uns fragen, wie ihr jeweiliges Sagen sich wohl aneinander heften könnte, sich durchqueren das eine das andere.
58 Aristoteles im Buch sieben der besagten *Nikomachischen Ethik* stellt die Frage der Lust. Was ihm das Sicherste schien, in Beziehung auf das

Genießen, nicht mehr, nicht weniger, ist, daß die Lust nur sich unterscheiden kann aus den Bedürfnissen, aus diesen Bedürfnissen, von denen ich ausgegangen bin in meinem ersten Satz, und womit er dem einen Rahmen gibt, worum es sich handelt bei der Zeugung. Die Bedürfnisse beziehen sich auf die Bewegung. Aristoteles, in der Tat, hat ins Zentrum seiner Welt — dieser Welt, die jetzt für immer den Bach runter ist — den unbewegten Beweger gestellt, wonach unmittelbar die Bewegung kommt, die er verursacht, und ein wenig weiter noch das, was geboren wird, und das, was stirbt, das, was sich zeugt und zugrunde geht. Da situieren sich die Bedürfnisse. Die Bedürfnisse, das befriedigt sich durch die Bewegung.

Seltsame Sache, wie macht es sich, daß wir dies wiederfinden sollten unter der Feder Freuds, jedoch in der Artikulierung des Lustprinzips? Welches Äquivok macht, daß, bei Freud, das Lustprinzip sich evoziert nur von dem her, was von Erregung kommt und von dem her, was diese Erregung an Bewegung provoziert, um sich darin davonzumachen? Seltsam, daß es das ist, was Freud als Lustprinzip aussagt, während es bei Aristoteles nur angesehen werden kann als ein Nachlassen von Schmerz und sicher nicht als eine Lust.

Wenn Aristoteles dann festlegt irgendwo, was mit der Lust ist, kann das nur in dem sein, was er ἐνέϱγεια nennt, eine Aktivität.

Sehr seltsame Sache, das erste der Beispiele, die er dafür bringt, und nicht ohne Kohärenz, ist das Sehen — das ist, wo für ihn die höchste Lust sitzt, die, die er auszeichnet vom Niveau der γένεσις her, der Generierung von etwas, die, die sich produziert aus dem Herzen, aus dem Zentrum der reinen Lust. Kein Schmerz braucht der Tatsache vorauszugehen, daß wir sehen, damit das Sehen eine Lust sei. Es ist amüsant, daß er, nachdem er die Frage so gestellt hat, vorbringen muß was? — das, was das Französische nicht anders übersetzen kann, mangels eines Wortes, das nicht äquivok wäre, als durch *l'odorer.* Aristoteles setzt hier auf die gleiche Ebene den Geruchssinn und das Gesicht. So entgegengesetzt dieser zweite Sinn dem ersten scheint, die Lust findet sich davon, sagt er, gestützt. Er fügt dem drittens das Hören hinzu.

Wir kommen ganz nah an 13.45h. Um einen Halt zu haben auf dem Weg, auf dem wir vorangehen, erinnern Sie sich an das Nicht, das wir gemacht haben eben, als wir formulierten, daß der Genuß sich zentral bezieht auf den, den es nicht braucht, den es nicht bräuchte, damit es Geschlechtsverhältnis gebe, und daß er daran als ganzer hängen bleibt. Nun, was auftaucht bei der Festlegung, mit der Aristoteles es bezeichnet, ist sehr genau das, was die analytische Erfahrung uns auszumachen erlaubt als, von zumindest einer Seite der sexuellen Identifizierung, von der männlichen Seite, das Objekt — das Objekt, das sich an den Platz dessen setzt, was, vom Anderen, nicht erfaßt werden kann. Insofern das Objekt *a* irgendwo spielt — und zwar von einem Ausgangspunkt, von einem einzigen, vom männlichen aus — die Rolle dessen spielt, was an den Platz des fehlenden Partners kommt, konstituiert sich das, was wir gewohnt sind auftauchen zu sehen also am Platz des Realen, das heißt das Phantasma.

59 Ich bin fast dran zu bedauern, auf diese Weise genug gesagt zu haben, was immer sagen will, zuviel. Denn man muß die radikale Differenz sehen von dem, was sich auf der anderen Seite produziert, ausgehend von der Frau.

Das nächste Mal will ich versuchen zu sagen, in einer Weise, die sich halten ließe — und genügend vollständig wäre, auf daß Sie sich drauf stützen könnten für die Zeit, die dann die Wiederaufnahme dauern wird, das heißt einen halben Monat — daß, auf seiten von die Frau — aber markieren Sie dieses *die* mit dem Schrägstrich, mit dem ich bezeichne, was sich barren muß — auf seiten von ~~Die~~ Frau es etwas anderes ist als das Objekt *a*, worum es sich handelt bei dem, was supplieren soll dieses Geschlechtsverhältnis, das nicht ist.

13. Februar 1973

61 # VI

GOTT UND DAS GENIESSEN ~~DER~~ FRAU

Lesen-lieben, hassen
Die Materialisten
Genuß des Seins
Das Männchen, polymorph pervers
Die Mystikerinnen

Es ist schon lange, daß ich gewünscht hätte, zu Ihnen zu sprechen, indem ich umherspaziere ein klein wenig zwischen Ihnen. Auch hoffte ich, ich kann's Ihnen wohl gestehen, daß die sogenannten Schulferien Ihre Assistenz gelichtet hätten.

Da nun mal diese Befriedigung mir verwehrt ist, komme ich zurück auf das, wovon ich ausgegangen bin das letzte Mal, was ich genannt habe *eine andere Befriedigung*, die Befriedigung des Sprechens.

Eine andere Befriedigung, das ist die, die dem Genuß entspricht, den es brauchte just, just damit es passiere zwischen dem, was ich abkürzen möchte, indem ich sie nenne der Mann und die Frau. Das heißt die, die entspricht dem phallischen Genuß.

Beachten Sie hier die Modifikation, die eingeführt wird durch dieses Wort — *juste*. Dieses *juste*, dieses *justement* ist ein *tout juste*, ein *tout juste réussi*, was die Kehrseite des Verfehlten ergibt — das gelingt eben gerade. Wir sehen schon da gerechtfertigt, was Aristoteles beibringt vom Begriff der Gerechtigkeit als der rechten Mitte.

Vielleicht haben einige unter Ihnen gesehen, als ich dieses *tout* eingeführt habe, das in *tout juste* ist, daß ich da eine Art Umgang gemacht habe, um das Wort *Prosdiorismus* zu vermeiden, das dieses tout bezeichnet, das fehlt in keiner Sprache. Nun, daß es der Prosdiorismus sei, das tout, das käme bei Gelegenheit, uns gleiten zu machen von der Gerechtigkeit des Aristoteles zur Richtigheit, zum Gelingen von Richtigheit, das ist wohl das, was mich legitimiert, zuerst produziert zu haben diesen Auftritt von

Aristoteles. Wirklich, nicht wahr, das versteht sich nicht gleich ohne weiteres.

Wenn Aristoteles sich nicht so leicht verstehen läßt, aufgrund der Distanz, die uns trennt von ihm, so ist es wohl da, was mich rechtfertigte meinerseits, Ihnen zu sagen, daß Lesen uns durchaus nicht verpflichtet zu verstehen. Es muß gelesen werden zuerst.

1 62

Das ist es, was macht, daß heute, und in einer Weise, die vielleicht manchen als Paradox erscheinen wird, ich Ihnen empfehlen möchte, ein Buch zu lesen, von dem man zumindest sagen kann, daß es mich betrifft. Dieses Buch nennt sich *Le titre de la lettre* und ist erschienen bei den Éditions Galilée, Collection *A la lettre*. Ich will Ihnen nicht die Autoren nennen, die mir hier eher die zweite Geige zu spielen scheinen.

Das heißt aber nicht, ihre Arbeit herabzusetzen, denn ich möchte sagen, daß, was mich betrifft, ich das mit der größten Befriedigung gelesen habe. Ich würde gern Sie als Auditorium der Prüfung dieses Buches unterziehen, geschrieben in den übelsten Absichten, wie Sie werden feststellen können auf den dreißig letzten Seiten. Ich kann nicht genug zu seiner Verbreitung ermuntern.

Ich kann in gewisser Weise sagen, daß, wenn es sich darum handelt zu lesen, ich niemals so gut gelesen worden bin — mit soviel Liebe. Sicherlich, wie es sich erweist durch die Schlußkadenz des Buches, ist das eine Liebe, von der man zumindest sagen kann, daß ihre gewöhnliche Doublierung in der analytischen Theorie nicht hin kann, nicht evoziert zu werden.

Aber das heißt zuviel sagen. Vielleicht sogar heißt es, zuviel darüber sagen, ’reinzubringen da, in irgendeiner Weise, die Subjekte. Es hieße vielleicht, zu sehr sie anerkennen als Subjekte, wenn man ihre Gefühle erwähnt.

Sagen wir also, daß das ein Modell ist von guter Lektüre, so sehr, daß ich sagen kann, daß ich bedaure, von denen, die mir nahe sind, nie etwas bekommen zu haben, das gleichwertig wäre.

Die Autoren haben geglaubt, sich beschränken zu sollen — und, mein Gott, warum nicht sie dazu beglückwünschen, denn die Bedingung einer Lektüre, das ist offenkundig, daß sie sich selbst Grenzen auferlegt — bei einem Artikel, aufgenommen in meine *Écrits*, der sich nennt *Das Drängen des Buchstabens.*

Ausgehend von dem, was mich unterscheidet von Saussure und was macht, daß ich ihn, wie sie sagen, verdreht habe, führen sie, einfädelnd, zu jenem Unweg, den ich zeige, das betreffend, was im analytischen Diskurs ist mit dem Angehen der Wahrheit und ihrer Paradoxien. Das ist da ohne Zweifel etwas, das am Ende, und ich brauche es nicht weiter auszuloten, denen entgeht, die sich diese außerordentliche Arbeit aufgeladen haben. Alles geschieht so, als wäre es justament der Unweg, wohin sie zu führen mein Diskurs gemacht ist, dessen sie sich für quitt hielten und über den sie von sich erklären — oder von mir erklären, was aufs selbe hinauskommt an dem Punkt, wohin sie gelangen — verdutzt zu sein. Es erweist sich als ganz angezeigt dadurch, daß Sie sich selbst ihren Schlußfolgerungen stellen, von denen Sie sehen werden, daß man sie qualifizieren kann als ungeniert. Bis zu diesen Schlußfolgerungen nimmt die Arbeit ihren Fortgang in einer Weise, in der ich nur einen Lichtungswert erkennen kann, einen durchaus ergreifenden — wenn das womöglich ein wenig
63 Ihre Reihen lichten könnte, würde ich darin für mich nur Vorteile sehen, aber alles in allem, ich bin nicht sicher — warum, da Sie ja immer hier so zahlreich sind, Ihnen nicht vertrauen? — daß nichts letztlich Sie abstößt.

Abgesehen, also, von diesen dreißig oder zwanzig letzten Seiten — in Wahrheit sind es bloß die, die ich gelesen habe diagonal — werden Ihnen die übrigen einen Komfort bieten, den, kurz gesagt, ich Ihnen wünschen kann.

2

Darüber setze ich fort, was ich heute Ihnen zu sagen habe, nämlich weiter zu artikulieren die Konsequenz dieser Tatsache, daß zwischen den Geschlechtern beim sprechenden Sein das Verhältnis sich nicht macht, insofern allein von da aus sich sagen kann, was, diesem Verhältnis, suppliert.

Es ist lange her, daß ich skandiert habe mit einem gewissen *'S gibt Ein*, was den ersten Schritt ausmacht bei diesem Vorstoß. Dieses *'S gibt Ein* ist nicht einfach — das kann man wohl sagen. In der Psychoanalyse, oder genauer im Diskurs von Freud, kündigt sich dies an vom Eros her, definiert als Verschmelzung, die aus der Zwei eines macht, vom Eros her, der, näher und näher, dazu tendieren soll, nur eines zu machen aus einer unermeßlichen Vielzahl. Aber, da es klar ist, daß selbst Sie alle, soviel Sie hier sind, Vielzahl sicherlich, nicht allein nicht eines machen, sondern keine Chance haben, dahin zu gelangen — wie es sich zeigt nur zu sehr, und alle Tage, und wär's, zur Kommunion zu gehen in meinem Sprechen — muß Freud wohl einen anderen Faktor auftauchen machen, Hindernis zu machen diesem universalen Eros, unter der Form des Thanatos, der Rückführung zum Staub.

Das ist offenkundig Metapher, erlaubt für Freud durch die glückliche Entdeckung der zwei Einheiten des Keims, des Ovulums und des Spermatozoons, von denen man grob sagen könnte, daß es aus ihrer Verschmelzung ist, daß sich erzeugt was? — ein neues Sein. Bis auf dies, daß die Chose nicht geht ohne eine Meiose, ohne eine ganz manifeste Subtraktion, zumindest für das eine von beiden, just vor dem Moment selbst, wo die Verbindung sich produziert, eine Subtraktion von gewissen Elementen, die nicht für nichts sind in der schließlichen Operation.

Doch die biologische Metapher ist sicherlich hier noch viel weniger als anderswo das, was reichen kann, es uns bequem zu machen. Wenn das Unbewußte denn das ist, was ich sage, strukturiert zu sein wie eine Sprache, dann müssen wir auf dem Niveau der Sprache befragen dies Ein. Dies Ein, die Folge der Jahrhunderte hat ihm unendliche Resonanz gegeben. Brauche ich hier die Neu-Platoniker anzusprechen? Vielleicht sollte ich noch gleich erwähnen ganz rasch dieses Abenteuer, denn was ich heute muß, das ist, sehr sauber zu bezeichnen, von woher die Chose von unserem Diskurs nicht nur genommen werden kann, sondern muß, und zwar von dieser Erneuerung her, die im Bereich des Eros unsere Erfahrung beibringt.

Man muß schon ausgehen von dem, daß dieses *'S gibt Ein* zu nehmen ist
von dem Akzent her, daß es Ein gibt ganz alleinhin. Es ist von da, daß sich 64
der Nerv dessen fassen läßt, was wir bei dem Namen nennen sollten, mit dem die Chose widerhallt durch all die Jahrhunderte, nämlich die Liebe.

In der Analyse haben wir es zu tun nur damit, und es ist über keinen anderen Weg, daß sie wirkt. Einzigartiger Weg darin, daß er allein erlaubt hat freizulegen, womit ich, der ich zu Ihnen spreche, geglaubt habe, stützen zu sollen die Übertragung, insofern sie sich nicht unterscheidet von der Liebe, mit der Formel *das Subjekt, supponiert zu Wissen.*

Ich kann nicht versäumen, die neue Resonanz zu markieren, die für Sie annehmen kann dieser Term Wissen. Der, dem ich das Wissen supponiere, den liebe ich. Eben haben Sie mich schwanken sehen, zurückweichen, zögern zu kippen in der einen Richtung oder in der anderen, auf

Seite der Liebe oder dessen, was man Haß nennt, als ich Sie einlud in nachdrücklicher Weise, teilzunehmen an einer Lektüre, deren Pointe ausdrücklich gemacht ist, um mich zu dekonsiderieren — was gewiß nichts ist, wovor jemand zurückweichen kann, der alles in allem spricht nur von der De-Sideration und der ausschaut auf nichts anderes. Es ist, daß da, wo diese Pointe den Autoren haltbar scheint, es justament aus einer De-Supposition meines Wissens ist. Wenn ich gesagt habe, daß sie mich hassen, so weil sie mir de-supponieren das Wissen.

Und weshalb nicht? Weshalb nicht, wenn es sich erweist, daß da die Bedingung dessen sein muß, was ich die Lektüre genannt habe? Schließlich, was kann ich mutmaßen von dem, was Aristoteles wußte? Vielleicht würde ich ihn besser lesen in dem Maße, als, dieses Wissen, ich es ihm weniger unterstellte. Derart ist die Bedingung eines strikten Auf-die-Probe-Stellen der Lektüre, und eben dieses ist es, vor dem ich mich nicht drücke.

Das, was uns angeboten ist zu lesen durch das, was, von der Sprache, existiert, nämlich das, was sich einschießen mag an Effekt ihrer Schluchtung — daraus eben definiere ich den Schrieb — kann nicht verkannt werden. Auch wäre es hochnäsig, nicht zumindest Echo zu geben dem, was, im Laufe der Zeiten, ausgearbeitet worden ist über die Liebe, von einem Denken, das — ich muß sagen unangemessen — sich philosophisch genannt hat.

Ich möchte hier nicht einen allgemeinen Überblick geben über die Frage. Es scheint mir, daß, angesichts der Art Köpfe, die ich hier 'rumflocken sehe, sie davon gehört haben müssen, daß, auf seiten der Philosophie, die Liebe zu Gott einen bestimmten Platz gehalten hat. Es gibt da eine massive Tatsache, der, zumindest seitlich, der analytische Diskurs nicht umhin kann, Rechnung zu tragen.

Ich möchte hier ein Wort in Erinnerung rufen, das gesagt wurde, nachdem ich, wie man sich ausdrückt in diesem Büchlein, ausgeschlossen worden bin aus Sainte-Anne — tatsächlich bin ich nicht ausgeschlossen worden, ich habe mich zurückgezogen, das ist sehr anders, aber das ist nicht wichtig, darum geht's uns hier nicht, um so mehr als der Term ausgeschlossen in unserer Topologie all sein Gewicht hat. Leute mit guten Absichten — das ist noch schlimmer als die mit üblen — haben sich überrascht gefunden, das Echo zu hören, daß ich zwischen den Mann und die Frau einen gewissen Anderen stellte, der wohl so aussah, als wäre er der gute alte Gott von immerschon. Das war nur ein Echo, zu dessen gutwilligen Vehikeln sie sich machten. Diese Leute waren, mein Gott,

man muß es schon sagen, von der reinen philosophischen Tradition, und von denen, die sich berufen auf den Materialismus — eben darin nenne ich 65
sie rein, denn es gibt nichts Philosophischeres als den Materialismus. Der Materialismus glaubt, Gott weiß wieso, das muß man schon sagen, auf der Hut sein zu müssen vor diesem Gott, von dem ich gesagt habe, daß er in der Philosophie die ganze Debatte um die Liebe beherrscht hat. So bekundeten diese Leute, deren inbrünstigem Auftreten ich eine erneuerte Hörerschaft verdankte, eine gewisse Verlegenheit.

Für mich, es scheint mir spürbar, daß der Andere, vorgebracht zur Zeit von *Das Drängen des Buchstabens* als Ort des Sprechens, eine Weise war, ich kann nicht sagen, zu laisieren, aber doch zu exorzieren den guten alten Gott. Schließlich, es gibt eine Menge Leute, die mir das Kompliment machen, gewußt zu haben zu setzen in einem meiner letzten Seminare, daß Gott nicht existiere. Offenkundig, sie hören — sie hören, aber, leider, sie verstehen, und das, was sie verstehen, ist ein wenig überstürzt.

Ich komme vielleicht eher weg, Ihnen heute zu zeigen, worin, justament, er existiert, dieser gute alte Gott. Der Modus, unter dem er existiert, wird vielleicht nicht aller Welt gefallen, und insbesondere nicht den Theologen, die, ich habe es schon seit langem gesagt, viel stärker sind als ich, auf seine Existenz zu verzichten. Unglücklicherweise bin ich nicht ganz in derselben Position, denn ich habe zu tun mit dem Anderen. Dieser Andere, wenn's nur einen gibt ganz allein, muß doch irgendwelches Verhältnis haben mit dem, was erscheint vom anderen Geschlecht.

Darüber habe ich es mir nicht versagt, in diesem Jahr, das ich ansprach das letzte Mal, der *Ethik der Psychoanalyse*, mich zu beziehen auf die höfische Liebe. Was ist das?

Das ist eine durch und durch raffinierte Weise, der Abwesenheit von Geschlechtsverhältnis zu supplieren, indem fingiert wird, daß wir es sind, die hier Hindernis aufrichten. Das ist wahrlich die tollste Sache, die man je versucht hat. Aber wie die Finte beim Namen nennen?

Statt da zu schwimmen auf dem Paradox, daß die höfische Liebe erschienen ist in der Feudalepoche, hätten die Materialisten hier eine großartige Gelegenheit sehen müssen, im Gegenteil zu zeigen, wie sie sich einwurzelt in den Diskurs der Vasallentreue, der Treue zur Person. Letzten Endes, die Person, das ist immer der Diskurs des Herren. Die höfische Liebe, das ist für den Mann, dessen Dame gänzlich, im sklavischsten Sinne, die Unterworfene war, die einzige Weise, sich mit Schicklichkeit aus der Abwesenheit des Geschlechtsverhältnisses zu ziehen.

Es ist auf diesem Weg, daß ich zu tun haben werde — später, denn heute

muß ich ein bestimmtes Feld durchackern — mit dem Begriff des Hindernisses, mit dem, was, bei Aristoteles — trotz allem, ich ziehe Aristoteles Geoffrey Rudel vor — sich eben das Hindernis nennt, die ἔνστασις.
Meine Leser — deren Buch, ich wiederhole es Ihnen, Sie alle gleich kaufen müssen — meine Leser haben selbst das gefunden. Die Instanz, sie befragen sie mit einer Sorgfalt, einer Vorsicht ... — ich sag's Ihnen, nie habe ich auch nur einen von meinen Schülern eine solche Arbeit tun sehen, leider, niemand wird je ernst nehmen, was ich schreibe, außer
66 selbstverständlich die, von denen ich gesagt habe vorhin, daß sie mich hassen unter der Vorgabe, daß sie mir das Wissen de-supponieren. Sie sind so weit gewesen, die ἔνστασις zu entdecken, das Aristotelische logische Hindernis, das ich aufgespart hatte als Bonbon. Es ist wahr, daß sie nicht das Verhältnis sehen. Aber sie sind so gut gewöhnt zu arbeiten, vor allem wenn etwas sie animiert — der Wunsch zum Beispiel, eine Herrschaft abzuhängen, das muß man hier wohl sagen mehr denn je — daß sie das 'rausgezogen haben, in der Anmerkung auf Seite 28—29.
Sie können Aristoteles zu Rate ziehen, und Sie werden alles wissen, wenn ich endlich diese Geschichte von der ἔνστασις angehen werde. Sie können im weiteren das Stück aus der *Rhetorik* lesen und die beiden Stücke der *Topiken*, die Ihnen erlauben werden, im Klartext zu wissen, was ich sagen will, wenn ich versuchen werde, meine vier Formeln in Aristoteles zu reintegrieren, das $\exists x.\overline{\Phi x}$ und das Weitere.
Endlich, um zu einem Ende zu kommen darüber, warum sollten die Materialisten, wie man sagt, sich entrüsten, daß ich, warum nicht, Gott als Dritten setze im Geschäft der menschlichen Liebe? Selbst die Materialisten, es geschieht ihnen doch immerhin, sich ein bißchen auszukennen im Menage à trois, nicht?
Also, versuchen wir voranzukommen. Versuchen wir, voranzukommen über das, was resultiert daraus, daß nichts bezeugt, daß ich nicht wüßte, was ich zu sagen habe da hier, wo ich zu Ihnen spreche. Was vom Anfang dieses Buches an eine Verkeilung öffnet, was sich dann durchhält bis zum Ende, das ist, daß es mir supponiert — und damit kann man alles machen — eine Ontologie oder, was hinauskommt aufs selbe, ein System.
Die Ehrlichkeit bewirkt immerhin, daß, in dem Kreisdiagramm, wo, gewissermaßen, sich verknotet, was ich vorbringe von der Instanz des Buchstabens, in punktierte Linien — zu recht, denn sie wiegen kaum — in diesem Buch all meine Aussagen gesetzt sind, die die Namen der hauptsächlichen Philosophen umfassen, in deren allgemeine Ontologie ich mein vorgebliches System einfügen soll. Indessen, es kann nicht zweideu-

tig sein, daß dem Sein, so wie es sich behauptet in der philosophischen Tradition, das heißt sich setzt im Denken selbst, das als sein Korrelat gilt, ich entgegensetze, daß wir gespielt werden vom Genießen.

Das Denken ist Genießen. Was der analytische Diskurs bringt, ist dies, was bereits angeschnitten wurde in der Philosophie des Seins — es gibt Genießen des Seins.

Wenn ich Ihnen gesprochen habe von der *Nikomachischen Ethik*, so eben weil die Spur darin ist. Was Aristoteles sucht, und das hat den Weg geöffnet all dem, was er in der Folge nach sich gezogen hat, das ist, was das Genießen des Seins ist. Ein heiliger Thomas wird dann keine Mühe haben, daraus die physikalische Theorie der Liebe auszutüfteln, wie sie der Abbé Rousselot nennt, von dem ich Ihnen gesprochen habe das letzte Mal — nämlich daß letztlich das erste Sein, von dem wir wohl ein Gefühl haben, unser Sein ist, und alles, was zum Wohl unseres Seins ist, wird, aufgrund dieser Tatsache, Genießen des Höchsten Seins sein, das heißt Gottes. Kurz gesagt, Gott liebend, ist es wir selbst, was wir lieben, und darin, zuerst uns selbst zu lieben — jeder ist sich selbst der Nächste, wie man sagt — erweisen wir Gott die Ehre, die gebührt.

Das Sein — wenn man um jeden Preis will, daß ich mich dieses Terms 67
bediene — das Sein, das ich dem entgegensetze — und wovon zu zeugen von den ersten Seiten seiner Lektüre an, einfach Lektüre, dieses Bändchen gezwungen ist — ist das Sein der Signifikanz. Und ich sehe nicht, worin es bedeutet, an den Idealen des Materialismus zu sündigen — ich sage *an den Idealen,* denn das liegt außerhalb der Grenzen seines Entwurfs — den Seinsgrund der Signifikanz zu erkennen im Genießen, dem Genießen des Körpers.

Aber ein Körper, Sie verstehen, seit Demokrit, das scheint nicht genug materialistisch. Man muß die Atome finden, und das ganze Zeug, und das Sehvermögen, den Geruchssinn und all das, was daraus folgt. All das ist absolut zusammenhängend.

Es ist nicht für nichts, daß bei Gelegenheit Aristoteles, selbst wenn er den Angewiderten spielt, Demokrit zitiert, denn er stützt sich auf ihn. In der Tat, das Atom ist einfach ein herumschwirrendes Element von Signifikanz, ein στοιχεῖον ganz einfach. Bis auf dies, daß man alle Mühen von der Welt hat, sich da herauszuziehen, wenn man nur festhält, was das Element zum Element macht, nämlich daß es einzig ist, während man ein klein wenig das andere einführen müßte, nämlich die Differenz.

Nun aber, das Genießen des Körpers, wenn es kein Geschlechtsverhältnis gibt, dann wäre zu sehen, in was das hier dienen kann.

3

Nehmen wir zunächst die Dinge von der Seite, wo jedes x Funktion ist von Φx, das heißt von der Seite, wo sich einreiht der Mann.

Man reiht sich hier ein, in summa, durch Wahl — frei den Frauen, sich hier zu plazieren, wenn es ihnen Spaß macht. Jeder weiß, daß es phallische Frauen gibt und daß die phallische Funktion die Männer nicht hindert, homosexuell zu sein. Aber es ist ebensowohl sie, die ihnen dient, sich zu situieren als Männer und anzugehen die Frau. Für den Mann mache ich schnell, weil das, wovon ich zu sprechen habe, heute die Frau ist, und weil ich annehme, daß ich es Ihnen schon genügend eingetrichtert habe, damit Sie es noch im Kopf haben sollten — für den Mann, wenn nicht von Kastration her, das heißt von etwas her, das nein sagt zu der phallischen Funktion, gibt es keine Chance, daß er Genuß habe vom Körper der Frau, anders gesagt, Liebe mache.

Das ist das Resultat der analytischen Erfahrung. Das hindert nicht, daß er die Frau begehren kann in jeder Weise, selbst wenn diese Bedingung nicht verwirklicht ist. Nicht allein begehrt er sie, sondern er macht ihr allerlei Dinge, die erstaunlich der Liebe ähneln.

Im Gegensatz zu dem, was Freud vorbringt, ist es der Mann — ich will sagen derjenige, der sich als Männchen findet, ohne zu wissen, was daraus machen, ganz sprechendes Sein seiend — der angeht die Frau, der glauben kann, daß er sie angeht, denn in dieser Hinsicht fehlen die Konviktionen, jene, von denen ich sprach das letzte Mal, die *con-victions*, nicht. Allein,
68 was er angeht, das ist die Ursache seines Begehrens, die ich bezeichnet habe mit dem Objekt *a*. Da ist der Liebesakt. Liebe machen, wie der Name es anzeigt, das ist Poesie. Aber es gibt eine Welt zwischen der Poesie und dem Akt. Der Liebesakt, das ist die polymorphe Perversion des Männchens, dies beim sprechenden Sein. Es gibt nichts Gesicherteres, Kohärenteres, Strengeres betreffend den Freudschen Diskurs.

Ich habe noch eine halbe Stunde, um zu versuchen, Sie einzuführen, wenn ich mich so ausdrücken darf, in das, was damit ist auf der Seite der Frau. Also, eins von beiden — entweder hat das, was ich schreibe, keinerlei Sinn, das ist übrigens die Schlußfolgerung des kleinen Buches, und deshalb bitte ich Sie, dort nachzuschlagen — oder es heißt, wenn ich schreibe $\overline{\forall} x\, \Phi x$, diese ungehobene Funktion, wo die Negation sich erstreckt auf den Quantor, zu lesen *nicht-alle*, daß, wenn irgend ein sprechendes Sein sich einreiht unter das Banner der Frauen, es ausgehend von diesem sich gründet, nicht-alle zu sein, indem es sich plaziert in der phallischen

Funktion. Das ist es, was definiert die ... die was? — die Frau justament, bis auf dies, daß *Die* Frau, das kann sich schreiben nur indem *Die* gebarrt wird. Es gibt nicht *Die* Frau, bestimmter Artikel, um zu bezeichnen das Universale. Es gibt nicht *Die* Frau, denn — ich habe den Ausdruck bereits riskiert, und weshalb sollte ich da zweimal hinschauen — ihrem Wesen nach ist sie nicht alle.

Ich sehe meine Schüler viel weniger befaßt mit meiner Lektüre als den geringsten Zweitgeiger, wenn er animiert ist von dem Wunsch, einen Meisterposten zu haben, und es hat nicht einen einzigen gegeben, der nicht ich weiß nicht was für ein Gerangel fabriziert hätte über den Signifikantenmangel, den Signifikanten des Signifikantenmangels und anderes Gefasel zum Phallus, während ich Ihnen doch in diesem *die* den Signifikanten bezeichne, trotz allem geläufig und sogar unentbehrlich. Der Beweis ist, daß, schon vorhin, ich gesprochen habe von der Mann und von *die* Frau. Das ist ein Signifikant, dieses *die*. Es ist durch dieses *die*, daß ich den Signifikanten symbolisiere, dessen Platz zu markieren unentbehrlich ist, der nicht leer gelassen werden kann. Dieses *die* ist ein Signifikant, dessen Eigentümliches ist, daß er der einzige ist, der nichts bedeuten kann, und zwar nur daraus, zu gründen das Statut von *die* Frau in dem, daß sie nicht alle ist. Was uns nicht erlaubt, zu sprechen von *Die* Frau.

Es gibt Frau nur ausgeschlossen durch die Natur der Dinge, die die Natur der Wörter ist, und man muß schon sagen, daß, wenn es etwas gibt, worüber sie selbst sich genug beklagen für den Augenblick, dann doch über das — sie wissen einfach nicht, was sie sagen, das ist der ganze Unterschied zwischen ihnen und mir.

Es bleibt nicht minder, daß, wenn sie ausgeschlossen ist durch die Natur der Dinge, so justament deshalb, daß, daraus, nicht alle zu sein, sie, im Verhältnis zu dem, was die phallische Funktion an Genuß bezeichnet, ein supplementäres Genießen hat.

Sie werden bemerken, daß ich gesagt habe *supplementär*. Wenn ich gesagt hätte *komplementär*, wo wären wir da! Man fiele zurück in das Alle.

Die Frauen halten sich, es hält sich keine, nicht alle zu sein, an das Genießen, um das es sich handelt, und, mein Gott, auf eine allgemeine Weise, man hätte wohl unrecht, nicht zu sehen, daß im Gegensatz zu dem, was gesagt wird, doch sie es sind, die die Männer besitzen.

Das Volk — ich, ich kenne welche davon, sie sind nicht unbedingt hier, 69
aber ich kenne 'ne ganze Menge — das Volk nennt die Frau *la bourgeoise*. Genau das heißt es. Er ist es, der unter dem Pantoffel steht, nicht sie. Der

Phallus, ihr Mann, wie sie sagt, seit Rabelais weiß man, daß das ihr nicht gleichgültig ist. Bloß, das ist die Frage, sie hat diverse Arten, ihn anzugehen, diesen Phallus, und sich ihn zu halten. Es ist nicht, weil sie nicht-alle ist in der phallischen Funktion, daß sie überhaupt nicht dran ist. Sie ist *nicht* überhaupt nicht dran. Sie ist voll dran. Aber es gibt etwas mehr. Dieses *mehr*, geben Sie acht, hüten Sie sich, davon zu rasch die Echos aufzunehmen. Ich kann es nicht besser noch anders bezeichnen, denn ich muß einen Schnitt machen und mich beeilen.

Es gibt ein Genießen, da wir uns ja ans Genießen halten, Genießen des Körpers, das ist, falls ich mich so ausdrücken kann — warum daraus nicht den Titel eines Buches machen? das ist für das nächste der Collection Galilée — *jenseits des Phallus*. Das wäre niedlich, das. Und das würde eine andere Konsistenz geben dem MLF. Ein Genießen jenseits des Phallus ...

Sie haben vielleicht bemerkt — ich spreche natürlich hier zu den paar Schein-Männern, die ich sehe da und dort, ein Glück, daß, zum Großteil, ich sie nicht kenne, so präjudiziere ich nichts für die anderen — einfach so, von Zeit zu Zeit, zwischen zwei Türen, daß es was gibt, qui les secoue, die Frauen, oder qui les secourt. Wenn Sie die Etymologie nachschauen dieser beiden Wörter in diesem Bloch und Von Wartburg, der eine Köstlichkeit für mich ist und von dem ich sicher bin, daß ihn nicht mal jeder von Ihnen in seiner Bibliothek hat, werden Sie die Beziehung sehen, die es gibt zwischen ihnen. Das ist nicht etwas, das zufällig geschieht, immerhin.

Es gibt ein Genießen für sie, für diese *sie*, die nicht existiert und nichts bedeutet. Es gibt ein Genießen für sie, von dem vielleicht sie selbst nichts weiß, außer daß sie es empfindet — das, das weiß sie. Sie weiß es, sicher, wenn es geschieht. Es geschieht ihnen nicht allen.

Ich möchte nicht dahinkommen, von der vorgeblichen Frigidität zu handeln, aber man muß der Mode Rechnung tragen hinsichtlich der Verhältnisse zwischen den Männern und den Frauen. Das ist sehr wichtig. Selbstverständlich, all das, im Diskurs, leider, von Freud wie in der höfischen Liebe, ist überdeckt durch belanglose Betrachtungen, die ihre Verheerungen angerichtet haben. Belanglose Betrachtungen über das klitoridische Genießen und über das Genießen, das man nennt, wie man kann, das andere justament, jenes, das ich im Begriff bin zu versuchen, Sie angehen zu machen auf dem logischen Weg, denn bis auf weiteres gibt es keinen anderen.

Was einige Chance läßt dem, was ich vorbringe, nämlich daß, von diesem

Genießen, die Frau nichts weiß, das ist, daß man schon ewig lange sie anfleht, sie anfleht auf Knien — ich sprach das letzte Mal von den weiblichen Psychoanalytikern — doch zu versuchen, es uns zu sagen, na ja, nicht 'n Wort! Man hat nie was 'rausbringen können. Also nennt man's, wie man kann, dieses Genießen, *vaginal,* man redet vom hinteren 70
Ende des Muttermundes und anderen Stuß, das darf man wohl sagen. Wenn einfach sie's empfinden würde und nichts davon wüßte, das würde erlauben, mancherlei Zweifel aufzuwerfen auf seiten der famosen Frigidität.

Das ist auch ein Thema, ein literarisches Thema. Es lohnte immerhin die Mühe, daß man sich dabei aufhält. Ich tue nichts anderes, seit ich zwanzig Jahre bin, als die Philosophen auszuforschen über das Sujet der Liebe. Natürlich, ich habe das nicht gleich zentriert auf das Geschäft der Liebe, sondern das ist mir mit der Zeit gekommen, mit justament dem Abbé Rousselot, von dem ich Ihnen sprach vorhin, und dann der ganze Streit um die physische Liebe und die ekstatische Liebe, wie sie sagen. Ich verstehe, daß Gilson ihn nicht so gut finden mochte, diesen Gegensatz. Er hat gedacht, daß Rousselot da eine Entdeckung gemacht hatte, die keine war, denn das gehörte zu dem Problem dazu, und die Liebe ist ebenso ekstatisch bei Aristoteles wie bei Saint Bernard, unter der Bedingung, daß man nur die Kapitel über die φιλία zu lesen weiß, die Freundschaft. Es sind einige hier, die doch wissen müssen, welch ein Sumpf von Literatur sich produziert hat da herum, Denis de Rougemont — sehen Sie sich das an, *L'Amour et l'Occident,* da setzt es was! — und dann noch einer, auch nicht dümmer als andere, der Nygren heißt, ein Protestant, *Eros und Agape.* Schließlich, nur natürlich, daß man im Christentum am Ende dahin gekommen ist, einen Gott zu erfinden derart, daß er es ist, der genießt!

Es gibt immerhin eine kleine Brücke, wenn Sie gewisse ernsthafte Leute lesen, wie durch Zufall Frauen. Ich möchte Ihnen dazu doch einen Hinweis geben, den ich einer sehr netten Person verdanke, die das gelesen hatte und die mir das gebracht hat. Ich habe mich darauf gestürzt. Ich muß es anschreiben, sonst werden Sie's nicht kaufen. Es ist Hadewych von Antwerpen, eine Begine, das, was man ganz artig eine Mystikerin nennt.

Ich, ich verwende das Wort Mystik nicht so, wie es Péguy verwendete. Die Mystik, das ist nicht alles das, was nicht Politik ist. Das ist etwas Ernstes, worüber uns einige Leute unterweisen, und meistens Frauen, oder aber begabte Leute wie der heilige Johannes vom Kreuz — denn man ist nicht gezwungen, wenn man männlich ist, sich auf die Seite zu stellen von $\forall x\ \Phi x$. Man kann sich auch stellen auf die Seite des nicht-alle. Es gibt Männer, die so gut sind wie die Frauen. Das kommt vor. Und die folglich sich dabei ebenso wohl befinden. Trotz, ich sage nicht ihrem Phallus, trotz dem, was sie beengt in dieser Eigenschaft, ahnen sie, empfinden sie die Idee, daß es ein Genießen geben muß, das jenseits sei. Es ist das, was man Mystiker nennt.

Ich habe schon gesprochen von anderen Leuten, die auch nicht so übel waren von der mystischen Seite her, die sich aber situierten eher auf der Seite der phallischen Funktion, Angelus Silesius zum Beispiel — sein betrachtendes Auge verschmelzen mit dem Auge, mit dem Gott ihn anblickt, das muß wohl, zwangsläufig, zum perversen Genießen gehören. Für die fragliche Hadewych ist das wie für die heilige Theresa — Sie brauchen sich nur in Rom die Statue von Bernini ansehen zu gehen, um sofort zu begreifen, daß sie genießt, da gibt es keinen Zweifel. Und
71 wessen genießt sie? Es ist klar, daß das wesentliche Zeugnis der Mystiker, das ist justament zu sagen, daß sie es empfinden, aber daß sie davon nichts wissen.

Diese mystischen Ergüsse, das ist weder Geschwätz noch Wortmacherei, das ist in summa, was man lesen kann vom Besten — ganz unten auf der Seite, Anmerkung — *Dem hinzuzufügen die Écrits von Jacques Lacan,* denn das ist von derselben Art. Womit, natürlich, Sie alle überzeugt sein werden, daß ich an Gott glaube. Ich glaube an das Genießen der Frau, insofern es mehr ist, unter der Bedingung, daß dieses *mehr,* Sie davor einen Schirm stellen, bevor ich es recht erklärt habe.

Was versucht wurde am Ende des letzten Jahrhunderts, zur Zeit Freuds, was sie suchten, all die guten Leute in der Umgebung Charcots und der anderen, das war, zurückzuführen die Mystik auf Fickgeschichten. Wenn Sie da nahe hinschauen, ist es das ganz und gar nicht. Dieser Genuß, den man empfindet und von dem man nichts weiß, ist es nicht das, was uns bringt auf den Weg der Ex-sistenz? Und warum nicht interpretieren eine Seite des Anderen, die Seite Gott, als getragen durch den weiblichen Genuß?

Da all das sich produziert dank des Seins der Signifikanz und da dieses Sein keinen anderen Ort hat als den Ort des Anderen, den ich bezeichne mit dem großen A, sieht man den Schiller dessen, was vor sich geht. Und weil auch da eben sich einschreibt die Funktion des Vaters, sofern es auf sie ist, daß sich die Kastration bezieht, sieht man, daß das nicht zwei Gott macht, aber daß das darum auch nicht macht einen einzigen.

Anders ausgedrückt, es ist nicht durch Zufall, daß Kierkegaard die Existenz entdeckt hat in einem kleinen Verführerabenteuer. Es ist, indem er sich kastriert, indem er verzichtet auf die Liebe, daß er denkt, da Zugang zu finden. Aber vielleicht, daß nach allem, warum nicht, Regina auch existierte. Dieses Begehren nach einem Gut zweiten Grades, einem Gut, das nicht verursacht ist durch ein kleines *a*, vielleicht ist es durch die Vermittlung Reginas, daß er hatte dessen Dimension.

20. Februar 1973

73 VII

EINE LETTRE D'ÂMOUR

Koaleszenz und Trennung von a *und S (A)*
Das Horsexe
Sprechen in reinem Verlust
Die Psychoanalyse ist keine Kosmologie
Das Wissen des Genießens

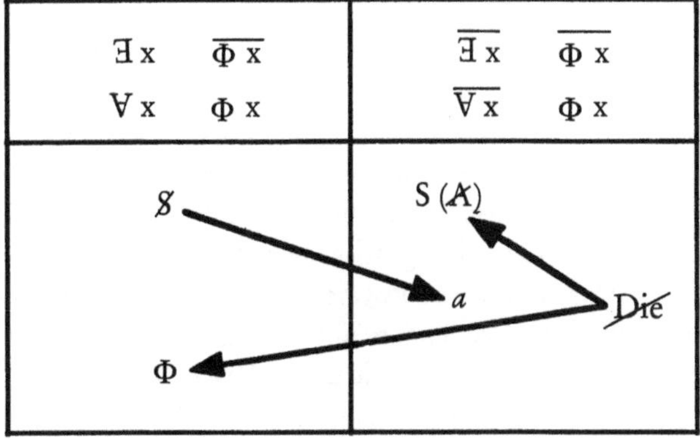

Nach dem, was ich eben für Sie auf die Tafel gebracht habe, könnten Sie glauben, daß Sie alles wissen. Sie müssen sich davor hüten.

Wir werden heute versuchen, vom Wissen zu sprechen, von jenem Wissen, das, in der Anschreibung der vier Diskurse, womit ich geglaubt habe, Ihnen exemplifizieren zu können, daß sich das soziale Band stützt, ich symbolisiert habe, indem ich S_2 schreibe. Vielleicht wird es mir gelingen, Sie spüren zu machen, warum dieses 2 weiter geht als eine Zweitrangigkeit in bezug auf den reinen Signifikanten, der sich anschreibt mit dem S_1.

1

Da ich mich nun mal entschlossen habe, Ihnen die Stütze dieser Anschreibung an der Tafel zu geben, werde ich sie kommentieren, kurz, hoffe ich. Ich habe sie, ich gestehe es Ihnen, nirgends geschrieben und nirgends präpariert. Sie erscheint mir nicht als beispielhaft, es sei denn, daß sie, wie für gewöhnlich, Mißverständnisse produziert.

In der Tat, ein Diskurs wie der analytische zielt auf den Sinn. An Sinn ist 74
klar, daß ich einem jeden von Ihnen nur das liefern kann, was Sie auf dem Wege sind aufzunehmen. Das hat eine Grenze, die gegeben ist durch den Sinn, in dem Sie leben. Es ist nicht zuviel sagen zu sagen, daß er nicht weit geht. Was der analytische Diskurs auftauchen macht, ist justament die Idee, daß dieser Sinn Schein ist.

Wenn der analytische Diskurs anzeigt, daß dieser Sinn ein geschlechtlicher ist, so kann dies sein nur, indem er Rechenschaft gibt von seiner Grenze. Es gibt nirgends ein letztes Wort, es sei denn in dem Sinne, wo *mot motus* ist — ich habe da bereits insistiert. *Keine Antwort, Wort* sagt La Fontaine irgendwo. Der Sinn zeigt die Richtung an, in die er scheitert.

Dieses gesetzt, was Sie davor behüten soll, zu rasch zu verstehen, nach all diesen Vorsichtsmaßnahmen, die solche der Klugheit sind, der φρόνησις, wie man sich ausdrückt in der griechischen Sprache, in der manche Dinge gesagt worden sind, die aber weit entfernt geblieben sind von dem, was der analytische Diskurs uns erlaubt zu artikulieren, nun ungefähr das, was an der Tafel geschrieben ist.

Zuerst die vier propositionalen Formeln, oben, zwei links, zwei rechts. Was immer es sei vom sprechenden Sein, es schreibt sich ein auf der einen Seite oder auf der anderen. Links, die untere Zeile, $\forall x\ \Phi x$, zeigt an, daß es durch die phallische Funktion ist, daß der Mann als Alles seine Einschreibung annimmt, wobei freilich diese Funktion ihre Grenze findet in der Existenz eines x, durch das die Funktion Φx verneint ist, $\exists x\ \overline{\Phi x}$. Das eben ist es, was man die Funktion des Vaters nennt — von wo hervorgeht durch die Negation die Proposition $\overline{\Phi x}$, was die Übung dessen begründet, was durch die Kastration dem Geschlechtsverhältnis suppliert — insofern dieses in keiner Weise einschreibbar ist. Das Alle beruht also hier auf der Ausnahme, die als Term gesetzt ist über das, was, dieses Φx, es integral verneint.

Gegenüber haben Sie die Anschreibung des Parts Frau der sprechenden Sein. Jedem sprechenden Sein, wie es sich ausdrücklich formuliert in der

Freudschen Theorie, ist es erlaubt, was immer es sei, es sei oder sei nicht ausgestattet mit den Attributen der Männlichkeit — Attribute, die zu bestimmen bleiben — sich einzuschreiben in diesen Teil. Wenn es sich hier einschreibt, wird es keinerlei Universalität zulassen, es wird jenes Nicht-Alle sein, sofern es die Wahl hat, sich in dem Φx zu setzen oder aber nicht von ihm zu sein.

Dies sind die einzigen möglichen Definitionen des Parts genannt Mann oder Frau für das, was sich in der Position befindet, die Sprache zu bewohnen.

Darunter, unter der Querbarre, wo sich die vertikale Teilung dessen überschneidet, was man uneigentlich Menschheit nennt, sofern sie sich aufteilte in geschlechtliche Identifizierungen, haben Sie eine skandierte Angabe dessen, worum es sich handelt. Auf der Seite des Manns habe ich hier, sicher nicht um ihn auf irgendeine Weise zu privilegieren, angeschrieben das $\cancel{S}$ und das Φ, das ihn stützt als Signifikant, was sich auch im S_1 inkarniert, welches, unter allen Signifikanten, der Signifikant ist, von dem es kein Signifikat gibt, und das, bezüglich des Sinns, das Scheitern symbolisiert. Das ist der *mi-sens,* der *indé-sens* par excellence oder, wenn Sie
75 noch wollen, der *réti-sens.* Dieses $\cancel{S}$, also verdoppelt durch diesen Signifikanten, von dem in summa es nicht einmal abhängt, dieses $\cancel{S}$ hat je, als Partner, nur mit dem Objekt *a* zu tun, angeschrieben auf der anderen Seite der Barre. Es ist ihm gegeben, seinen Geschlechtspartner, der der Andere ist, zu erreichen nur über das Mittel dieses, daß er die Ursache seines Begehrens ist. In dieser Hinsicht, wie es im übrigen in meinen Graphen die pointierte Konjunktion dieses $\cancel{S}$ und dieses *a* anzeigt, ist das nichts anderes als Phantasma. Dieses Phantasma, wo das Subjekt gefaßt ist, das ist als solche die Stütze dessen, was man ausdrücklich in der Freudschen Theorie das Realitätsprinzip nennt.

Die andere Seite nun. Was ich dieses Jahr angehe, ist das, was Freud ausdrücklich beiseite gelassen hat, das *Was will das Weib?* Freud behauptet, daß es an Libido nur männliche gebe. Was heißt das? — wenn nicht, daß ein Feld, das immerhin nicht nichts ist, sich so nicht beachtet findet. Dieses Feld ist das aller Sein, die das Statut der Frau auf sich nehmen — wenn es so ist, daß dieses Sein irgendetwas auf sich nimmt von seinem Los. Außerdem nennt man es nur uneigentlich *die* Frau, denn, wie ich das letzte Mal unterstrichen habe, das *die* von *die Frau,* von dem Moment an, wo es sich aussagt von einem Nicht-Alle, kann sich nicht schreiben. Es gibt hier *die* nur als gebarrtes. Dieses $\cancel{\text{Die}}$ hat Verhältnis, und das werde ich Ihnen heute illustrieren, mit dem Signifikanten von A als gebarrtem.

Das Andere ist nicht einfach dieser Ort, wo die Wahrheit lallt. Es verdient, das zu repräsentieren, womit die Frau zutiefst Verhältnis hat. Wir haben davon sicherlich nur sporadische Zeugnisse, und dafür habe ich sie genommen, das letzte Mal, in ihrer Metapherfunktion. Da sie im Geschlechtsverhältnis, im Verhältnis auf das, was sich sagen kann vom Unbewußten, radikal das Andere ist, ist die Frau das, was Verhältnis hat auf dieses Andere. Eben das möchte ich heute näher zu artikulieren versuchen.

Die Frau hat Verhältnis zum Signifikanten dieses Anderen, sofern, als Anderes, es je nur Anderes bleiben kann. Ich kann hier nur unterstellen, daß sie sich meiner Aussage entsinnen werden, daß es kein Anderes des Anderen gibt. Das Andere, dieser Ort, wo sich alles einschreiben wird, was sich vom Signifikanten artikulieren kann, ist, in seinem Grund, radikal das Andere. Deshalb markiert dieser Signifikant, mit dieser Klammer auf, das Andere als gebarrtes — S (Ⱥ).

Wie begreifen, daß das Andere irgendwo das sein könnte, im Verhältnis wozu eine Hälfte — das ist ja auch grob das biologische Verhältnis — eine Hälfte der sprechenden Sein sich bezieht? Es ist immerhin das, was da an die Tafel geschrieben ist mit diesem Pfeil, ausgehend von dem ~~Die~~. Dieses ~~Die~~ kann sich nicht sagen. Nichts kann sich sagen von der Frau. Die Frau hat Verhältnis zu S(Ⱥ) und darin bereits verdoppelt sie sich, ist sie nicht alle, denn, andererseits, kann sie Verhältnis haben mit Φ.

Φ, wir bezeichnen es mit diesem Phallus, so wie ich ihn präzisiere, der Signifikant zu sein, der kein Signifikat hat, derjenige, der sich stützt beim Mann aus dem phallischen Genießen. Was ist das? — wenn nicht dieses, was die Wichtigkeit der Masturbation in unserer Praxis hinreichend unterstützt, das Genießen des Idioten.

2 76

Nach dem, um Sie wiederherzustellen, bleibt mir nur noch, Ihnen von Liebe zu sprechen. Was ich tun werde, in einem Augenblick. Aber, was für einen Sinn gibt es dabei, daß ich Ihnen nun von Liebe spreche, wo das doch wenig kompatibel ist mit jener Richtung, aus der der analytische Diskurs den Anschein machen kann von etwas, das Wissenschaft wäre?

Dieses *Wissenschaft wäre,* Sie sind sich dessen sehr wenig bewußt. Sicher, Sie wissen, weil ich Sie das habe bemerken lassen, daß es einen Moment gegeben hat, wo man, nicht ohne Grund, sich hat die Versicherung zuerkennen können, daß der wissenschaftliche Diskurs sich auf die Galileische Wende gegründet hatte. Ich habe da hinreichend insistiert, um anzunehmen, daß wenigstens einige von Ihnen an den Quellen gewesen sind, ich will sagen im Werk von Koyré.

Wenn es sich um den wissenschaftlichen Diskurs handelt, ist es sehr schwierig, gleichermaßen zwei Terme präsent zu halten, die ich Ihnen nennen werde.

Einerseits hat dieser Diskurs alle möglichen Instrumente hervorgebracht, die wir, aus dem Blickwinkel, um den es hier geht, als Gadgets einschätzen müssen. Sie sind von da an, unendlich weiter, als Sie denken, die Subjekte von Instrumenten, die, vom Mikroskop bis hin zum Radio und zur Television, zu Elementen Ihrer Existenz werden. Sie können gegenwärtig nicht einmal die Tragweite dessen ermessen, aber es gehört nichtsdestoweniger zu dem, was ich den wissenschaftlichen Diskurs nenne, insofern ein Diskurs das ist, was eine Form von sozialem Band determiniert.

Andererseits, und da macht sich die Verbindung nicht, gibt es Subversion der Erkenntnis. Bis jetzt ist nichts an Erkenntnis konzipiert worden, das nicht teilhätte am Phantasma einer Einschreibung des geschlechtlichen Bandes — und man kann nicht einmal sagen, daß die Subjekte der antiken Theorie der Erkenntnis dies nicht gewußt hätten.

Betrachten wir allein die Terme aktiv und passiv, zum Beispiel, die alles beherrschen, was über das Verhältnis von Form und Stoff gedacht worden ist, dieses so fundamentale Verhältnis, auf das sich jeder Schritt von Platon bezieht, dann von Aristoteles, hinsichtlich dessen, was es mit der Natur der Dinge auf sich hat. Es ist sichtbar, berührbar, daß diese Aussagen sich nur auf ein Phantasma stützen, durch das sie versucht haben, dem zu supplieren, was auf keine Weise sich sagen kann, nämlich das Geschlechtsverhältnis.

Das Seltsame ist, daß in dieser groben Polarität, derjenigen, die aus dem Stoff das Passive macht und aus der Form das Agens, das ihn beseelt, irgendetwas, freilich irgendetwas Vieldeutiges, gleichwohl durchgegangen ist, nämlich daß diese Beseelung nichts anderes ist als dieses *a*, mit dem das Agens was beseelt? — es beseelt nichts, es nimmt das andere für seine Seele.

Verfolgen Sie das, was hervorgeht im Lauf der Zeiten aus der Idee eines Gottes, der nicht der des christlichen Glaubens ist, sondern der von
77 Aristoteles, der unbewegte Beweger, die höchste Sphäre. Daß es ein Sein

gibt derart, daß alle anderen Sein, die weniger Sein sind als es, keine andere Absicht haben können, als das meiste Sein zu sein, das sie zu sein vermögen, das ist hier das ganze Fundament der Idee des Guten in dieser Ethik des Aristoteles, auf die sich zu beziehen ich Sie ermuntert habe, um die Unwege davon zu erfassen. Wenn wir uns jetzt stützen auf die Anschreibungen dieser Tafel, zeigt sich sicherlich, daß eben an dem Platz, dem opaken, des Genießens des Anderen, dieses Anderen, als welches sein könnte, wenn sie existierte, die Frau, jenes höchste Sein situiert ist, mythisch offenbar bei Aristoteles, jene unbewegte Sphäre, woraus alle Bewegungen hervorgehen, welche es auch seien, Wechsel, Zeugungen, Bewegungen, Übertragungen, Steigerungen etc.

Insofern ihr Genießen radikal Anderes ist, hat die Frau mehr Verhältnis zu Gott als alles, was sich hat sagen können in der antiken Spekulation folgend der Bahn dessen, was sich manifesterweise artikuliert nur als das Wohl des Menschen.

Das Ziel unserer Lehre, sofern sie das verfolgt, was sich sagen und aussagen läßt mit dem analytischen Diskurs, ist, das *a* und das A zu trennen, indem sie das erste auf das reduziert, was vom Imaginären, und das andere auf das, was vom Symbolischen ist. Daß das Symbolische die Stütze dessen sei, was zu Gott gemacht worden ist, das ist außer Zweifel. Daß das Imaginäre sich stützt auf den Widerschein von Seinesgleichen bei Seinesgleichen, ist sicher. Und dennoch, *a* hat zur Verwechslung führen können mit dem S (A̸), unter welchem es sich an der Tafel einschreibt, und dies durch die Schräge der Funktion des Seins. Es ist hier, daß eine Trennung, eine Ablösung zu tun bleibt. Es ist in diesem Punkt, daß die Psychoanalyse etwas anderes ist als eine Psychologie. Denn die Psychologie, das ist diese nicht vollzogene Trennung.

3

Hier, um mich auszuruhen, werde ich mir erlauben, Ihnen vorzulesen, was ich Ihnen geschrieben habe vor einiger Zeit, geschrieben über was? — geschrieben da allein, von wo sein kann, daß man von Liebe spricht.

Von Liebe zu sprechen, in der Tat, nichts anderes tut man im analytischen Diskurs. Und wie nicht spüren, daß im Blick auf alles, was artikuliert werden kann seit der Entdeckung des wissenschaftlichen Diskurses, das schlicht und einfach verlorene Zeit ist? Was der analytische Diskurs beiträgt — und es ist vielleicht das, alles in allem, der Grund für sein

Auftreten an einem bestimmten Punkt des wissenschaftlichen Diskurses — das ist, daß von Liebe zu sprechen an sich ein Genießen ist.

Das bestätigt sich sicherlich durch jenen Effekt, berührbaren Effekt, daß zu sagen egal was — eigentliche Weisung für den Diskurs des Analysanten — das ist, was zum *Lustprinzip* führt, das, was auf die direkteste Weise zu ihm führt, ohne das geringste Bedürfnis nach jenem Zugang zu den höheren Sphären, das am Fundament der Aristotelischen Ethik ist.

78 Das *Lustprinzip*, in der Tat, gründet sich allein auf die Koaleszenz des *a* mit dem S(Ⱥ).

A ist gebarrt von uns, gewiß. Das will nicht heißen, daß es genüge, es zu barren, damit nichts davon existiere. Wenn mit diesem S(Ⱥ) ich nichts anderes bezeichne als das Genießen der Frau, ist das mit Sicherheit deshalb, weil ich da eben aufzeige, daß Gott noch nicht seinen Abgang gemacht hat.

Das ist's ungefähr, was ich schrieb zu Ihrer Verwendung. Ich schrieb Ihnen was, alles in allem? — das einzige, was man machen kann mit etwas Seriosität, einen Liebesbrief.

Die psychologischen Annahmen, dank denen all das so lang gedauert hat, ich gehöre zu denen, die ihnen nicht gerade einen guten Ruf machen. Man sieht freilich nicht, weshalb der Umstand, eine Seele zu haben, ein Skandal sein sollte für das Denken — wenn das wahr wäre. Wenn das wahr wäre, ließe sich Seele nennen nur das, was einem Sein — dem sprechenden Sein, um es mit seinem Namen zu nennen — erlaubt, das Unerträgliche seiner Welt zu ertragen, was ihr unterstellt, darin fremd zu sein, das heißt phantasmatisch. Was sie, diese Seele, hier berücksichtigt — das heißt in dieser Welt — allein in ihrer Geduld und in ihrem Mut, ihr die Stirn zu bieten. Das bestätigt sich darin, daß, bis auf unsere Tage, sie, die Seele, nie einen anderen Sinn gehabt hat.

Eben da muß lalangue, lalangue im Französischen mir zu Hilfe kommen — nicht, indem sie mir, wie es manchmal geschieht, eine Homonymie anbietet, des *d'eux* mit dem *deux*, des *peut* mit dem *peu*, sehen Sie dieses *il peut peu*, das immerhin dazu da ist, uns zu etwas zu dienen — sondern einfach, indem Sie mir erlaubt zu sagen qu'on *âme*. J'*âme*, tu *âmes*, il *âme*. Sie sehen da, daß wir uns nur der Schrift bedienen können, gar wenn wir *jamais j'âmais* einschließen.

In ihrer Existenz also kann die Seele aufgerufen werden in der Causa — das ist der Terminus genau, sich zu fragen, ob das nicht ein Effekt der Liebe ist. Soweit, in der Tat, als l'âme âme l'âme, gibt es kein Geschlecht in der Affär. Das Geschlecht zählt da nicht. Die Ausarbeitung, aus der sie resultiert, ist *hommosexuell*, wie das vollkommen lesbar ist in der Geschichte.

Was ich gesagt habe eben vom Mut, von der Geduld der Seele, die Welt zu ertragen, ist die wahre Entsprechung zu dem, was einen Aristoteles in seiner Suche nach dem Guten hinauskommen läßt auf dies, daß ein jedes der Sein, die auf der Welt sind, sich auf das größte Sein hin orientieren kann, nur indem es sein Wohl, sein eigenes Wohl vermischt mit eben dem, aus dem das höchste Wesen strahlt. Was Aristoteles anspricht als die φιλία, nämlich das, was die Möglichkeit eines Liebesbandes repräsentiert zwischen zweien dieser Sein, kann ebensowohl, indem es die Spannung zum höchsten Sein hin manifestiert, umschlagen im Modus, mit dem ich es ausgedrückt habe — so ist es am Mut, die unerträgliche Beziehung zum höchsten Sein zu ertragen, daß die Freunde, die φίλοι, sich erkennen und sich wählen. Das Außer-Geschlecht dieser Ethik ist offenkundig, und zwar so, daß ich ihm den Akzent geben möchte, den Maupassant gibt, wenn er irgendwo jenen seltsamen Ausdruck des Horla ausspricht. Das *Horsexe*, das ist der Mensch, auf den die Seele spekulierte.

Aber es findet sich, daß auch die Frauen âmourös sind, das heißt qu'elles 79
âment l'âme. Was kann das wohl sein, diese âme qu'elles âment in ihrem Partner, homo bis zum Stichblatt, wovon sie nicht loskommen werden? Das kann sie in der Tat nur bis zu jenem letzten Term führen — und es ist nicht für nichts, daß ich es so nenne — ὕστερια, wie es sich im Griechischen nennt, die Hysterie, also den Mann zu spielen, wie ich gesagt habe, und aus diesem Grund *hommosexuell* oder *horsexe* zu sein, auch sie — wobei es für sie von da an schwierig ist, nicht jenen Unweg zu spüren, der darin besteht qu'elles se mêment im Anderen, denn, schließlich, man braucht nicht sich Anderer zu wissen, um aus ihm zu sein.

Damit die Seele zu sein finde, unterscheidet man sie von ihr, sie, die Frau, und das vom Ursprung her. Man *nennt* sie *Frau*, man *diffâmiert* sie. Was an Famosestem in der Geschichte von den Frauen geblieben ist, ist, eigentlich gesprochen, das, was man sagen kann davon an Infamierendem. Es ist wahr, daß ihr die Ehre der Cornelia bleibt, Mutter der Gracchen. Kein Bedarf, den Psychoanalytikern von Cornelia zu sprechen, die daran kaum im Schlaf denken, aber erzählen Sie ihnen von irgendeiner Cornelia, und sie werden Ihnen sagen, daß es nicht sonderlich gut ausgehen wird mit deren Kindern, die Gracchen — die werden schwindeln, daß es kracht, bis ans Ende ihrer Existenz.

Das war der Anfang meines Briefs, ein âmusement.

Ich machte dann eine Anspielung auf die höfische Liebe, die an dem Punkt erscheint, wo das hommosexuelle âmusement in äußersten Verfall geraten war, in dieser Art unmöglichem schlechten Traum der sogenannten Feudalzeit. Auf dieser Ebene von politischer Degenerierung sollte es wahrnehmbar werden, daß auf seiten der Frau etwas war, das durchaus nicht mehr gehen konnte.

Die Erfindung der höfischen Liebe ist durchaus nicht die Frucht dessen, was man für gewöhnlich in der Geschichte mit *These-Antithese-Synthese* symbolisiert. Und es hat dann auch nicht die geringste Synthese gegeben, wohlgemerkt — die gibt es übrigens nie. Die höfische Liebe erstrahlte in der Geschichte wie ein Meteor, und man hat wiederkehren sehen in der Folge den ganzen Plunder einer angeblichen Renaissance antiker Druschgeschichten. Die höfische Liebe ist rätselhaft geblieben.

Es gibt da einen kleinen Einschub — wenn eins zwei macht, gibt es nie ein Zurück. Das läuft nicht darauf hinaus, von neuem eins zu machen, selbst nicht ein neues. Die *Aufhebung* ist einer dieser hübschen Träume von Philosophie.

Nach dem Meteor der höfischen Liebe kam, aus einer ganz anderen Partitur, das, was diese auf ihre erste Nichtigkeit zurückwarf. Es bedurfte keines geringeren als des wissenschaftlichen Diskurses, also eines, das in nichts den Annahmen der antiken Seele verpflichtet ist.

Und allein daraus tauchte die Psychoanalyse auf, nämlich die Objektivierung dessen, daß das sprechende Sein noch Zeit zubringt, zu sprechen in reinem Verlust. Es bringt noch Zeit zu, zu sprechen für einen der kürzesten Dienste — der kürzesten, sage ich, aus der Tatsache, daß dieser Dienst nicht weiter reicht, als in Kurs zu sein encore, das heißt die Zeit, die es braucht, damit sich das endlich auflöst — das wird auf uns zukommen — demographisch.

80 Das ist durchaus nicht das, was die Verhältnisse des Manns zu den Frauen einrenken wird. Das gesehen zu haben, ist das Genie Freuds. Freud, das ist ein ulkiger Name — *Kraft durch Freud,* das ist ein ganzes Programm! Das ist der ulkigste Sprung der heiligen Posse der Geschichte. Es könnte einem vielleicht, während das dauert, dieser Dreh, ein kleines Licht aufgehen über etwas, das das Andere angehen würde, insofern eben damit die Frau zu tun hat.

Ich bringe jetzt eine wesentliche Ergänzung zu dem, was bereits sehr gut gesehen worden ist, aber was das klären würde, wenn man bemerkte, auf welchen Wegen es gesehen worden ist.

Was gesehen worden ist, jedoch allein auf der Seite des Mannes, ist, daß er es zu tun hat mit dem Objekt *a* und daß seine ganze Realisierung beim Geschlechtsverhältnis hinausläuft auf das Phantasma. Man hat das gesehen freilich bei den Neurotikern. Wie machen die Neurotiker Liebe? Von da ist man ausgegangen. Man konnte nicht umhin zu bemerken, daß es da eine Korrelation gab mit den Perversionen — was schließlich mein *a* stützt, denn das *a* ist das, was, welches immer die besagten Perversionen sein mögen, davon da ist als Ursache.

Das Amüsante ist, daß Freud sie ursprünglich der Frau attribuiert hat — nehmen Sie die *Drei Abhandlungen.* Das ist wahrlich eine Bestätigung, daß, wenn man Mann ist, man in der Partnerin das sieht, womit man sich selbst stützt, das, womit man sich stützt narzißtisch.

Nur, man hatte in der Folge die Gelegenheit zu bemerken, daß die Perversionen, so man sie auszumachen glaubt bei der Neurose, durchaus nicht das sind. Die Neurose, das ist der Traum viel eher als die Perversion. Die Neurotiker weisen keinen der Charaktere des Perversen auf. Nur träumen sie davon, was sehr natürlich ist, denn ohne das, wie herankommen an den Partner?

Die Perversen, man fing nun an, welchen zu begegnen, es sind die eben, die Aristoteles um keinen Preis sehen wollte. Es gibt bei ihnen eine Subversion des Betragens, gestützt auf ein Savoir-faire, welches verbunden ist einem Wissen, dem Wissen um die Natur der Dinge, es gibt da eine direkte Schaltung des sexuellen Betragens auf das, was seine Wahrheit ist, nämlich seine amoralität. Geben Sie Seele am Beginn hinein — die *âmoralité ...*

Es gibt eine Moralität — so die Konsequenz — des sexuellen Betragens. Die Moralität des sexuellen Betragens ist mitverstanden in all dem, was vom Guten gesagt worden ist.

Nur, durch viel Reden vom Guten läuft das auf Kant hinaus, wo die Moralität gesteht, was sie ist. Das ist, was ich glaubte vorbringen zu sollen in einem Aufsatz, *Kant mit Sade* — sie gesteht, daß sie Sade ist, die Moralität.

Sie können *Sade* schreiben, wie Sie wollen — entweder mit einer Majuskel, um eine Huldigung darzubringen diesem armen Idioten, der uns darüber endlose Schriften geschenkt hat — oder mit einer Minuskel, da das ja schließlich ihre Weise ist, angenehm zu sein, und im Altfranzösischen genau das gemeint ist — oder, besser, *çade*, um zu sagen, daß die Moralität, daß man doch wohl sagen muß, daß das sich aufhört auf der
Ebene des ça und daß das reichlich kurz ist. Anders gesagt, worum es sich 81

handelt, ist, daß die Liebe unmöglich sei und daß das Geschlechtsverhältnis untergeht in den Nicht-Sinn, was in nichts das Interesse mindert, das wir haben müssen für das Andere.

Die Frage ist in der Tat, zu wissen, in dem, was das weibliche Genießen konstituiert, sofern es nicht ganz vom Mann okkupiert ist und sogar, würde ich sagen, als solches es durchaus nicht ist, die Frage ist, zu wissen, was es mit seinem Wissen auf sich hat.

Wenn das Unbewußte uns etwas gelehrt hat, ist es zuerst dies, daß irgendwo, im Anderen, es weiß. Es weiß, weil es sich stützt eben auf jene Signifikanten, aus denen sich das Subjekt konstituiert.

Das freilich gibt Anlaß zur Verwirrung, weil es schwierig ist für den, qui âme, nicht zu denken, daß alles durch die Welt weiß, was es zu tun hat. Wenn Aristoteles seinen Gott durch jene unbewegte Sphäre stützt, zu Frommen von was ein jeder sein Wohl zu verfolgen hat, so deshalb, weil von ihr angenommen ist, sie kennte ihr Wohl. Eben das ist es, worauf der durch den wissenschaftlichen Diskurs induzierte Spalt zu verzichten uns nötigt.

Es gibt da keinerlei Bedürfnis, zu wissen warum. Wir haben keinerlei Bedürfnis mehr nach jenem Wissen, von dem Aristoteles ausgeht am Ursprung. Wir haben keinerlei Bedürfnis, um die Wirkungen der Gravitation zu erklären, dem Stein zu imputieren, daß er den Ort kenne, zu dem er hin soll. Die Imputierung einer Seele beim Lebewesen macht aus dem Wissen den Akt par excellence keines anderen als des Körpers — Sie sehen, daß Aristoteles nicht so daneben war — nahezu so, daß der Körper gemacht ist für eine Aktivität, eine ἐνέργεια, und daß irgendwo die Entelechie dieses Körpers sich stützt auf jene Substanz, die er die Seele nennt.

Die Analyse gibt hier Anlaß zu dieser Verwirrung, weil sie uns die Endursache restituiert, weil sie uns sagen läßt, daß, für alles, was zumindest das sprechende Sein angeht, die Realität eben so ist, das heißt phantasmatisch. Ist das etwas, das, auf irgendeine Weise, genügen könnte dem wissenschaftlichen Diskurs?

Es gibt, dem analytischen Diskurs zufolge, ein Lebewesen, das sich als sprechendes findet und für das, da es den Signifikanten bewohnt, resultiert, daß es dessen Subjekt ist. Von da her spielt sich alles für es auf der Ebene des Phantasmas ab, jedoch eines Phantasmas, das vollkommen zergliederbar ist auf eine Weise, die Rechenschaft gibt davon, daß es viel mehr davon weiß, als es glaubt, wenn es handelt. Aber genügt nicht, daß es sich so verhält, damit wir den Anfang einer Kosmologie hätten.

Es ist die ewige Ambiguität des Terms *unbewußt.* Gewiß, das Unbewußte ist supponiert aus dem, daß es im sprechenden Sein irgendwo irgendetwas gibt, das mehr weiß als es, aber das ist kein übernehmbares Modell der Welt. Die Psychoanalyse, sofern sie ihre Möglichkeit aus dem Diskurs der Wissenschaft bezieht, ist keine Kosmologie, obwohl es genügt, daß der Mensch träumt, damit er herauskommen sehe diesen ungeheuren Plunder, diesen Möbelschuppen, mit dem er klarkommen muß, was daraus sicherlich eine Seele macht und zwar eine Seele mitunter liebenswert, wenn nur etwas sie lieben will.

Die Frau kann im Mann nur lieben, sagte ich, die Art und Weise, in der er
die Stirn bietet dem Wissen, mit dem er âmt. Aber, für das Wissen, aus 82
dem er ist, stellt sich die Frage ausgehend von dem, daß es da etwas gibt, das Genießen, von dem nicht möglich ist zu sagen, ob die Frau etwas davon zu sagen vermag — ob sie zu sagen vermag, was sie davon weiß.

Am Ende dieses Vortrages von heute komme ich also, wie immer, an den Rand dessen, was mein Subjekt polarisierte, das heißt, ob sich die Frage stellen läßt nach dem, was sie davon weiß. Das ist keine andere Frage als die, zu wissen, ob dieser Term, aus dem sie genießt jenseits alles dieses *jouer,* das ihr Verhältnis macht zum Mann, und den ich das Andere nenne, indem ich ihn bezeichne mit einem A, ob dieser Term seinerseits etwas weiß. Denn es ist in diesem, daß sie selbst subjekt ist dem Anderen, ganz so wie der Mann.

Weiß das Andere?

Es gab einen mit Namen Empedokles — wie durch Zufall, Freud bedient sich seiner von Zeit zu Zeit, als eines Zapfenziehers — von dem wir dazu nur drei Verse kennen, aus welchen jedoch Aristoteles sehr gut die Konsequenzen zieht, wenn er sagt, daß alles in allem der Gott für Empedokles das unwissendste aller Sein war, da er gar nicht den Haß kennt. Das ist, was die Christen später transformiert haben in Ströme von Liebe. Unglücklicherweise klappt das nicht, denn, gar nicht den Haß kennen, heißt auch, gar nicht die Liebe kennen. Wenn Gott den Haß nicht kennt, ist es klar für Empedokles, daß er weniger davon weiß als die Sterblichen.

Sodaß man sagen könnte, daß je mehr der Mann für die Frau Anlaß geben kann zur Verwechslung mit Gott, das heißt das, woraus sie genießt, um so weniger il hait, um so weniger il est — dies die zwei Schreibungen — und, denn schließlich gibt es keine Liebe ohne Haß, um so weniger liebt er.

13. März 1973

83 VIII

DAS WISSEN UND DIE WAHRHEIT

Die Hainamoration
Das Wissen über die Wahrheit
Kontingenz der phallischen Funktion
Barmherzigkeit von Freud
Vom Wissen genießen
Das Unbewußte und die Frau

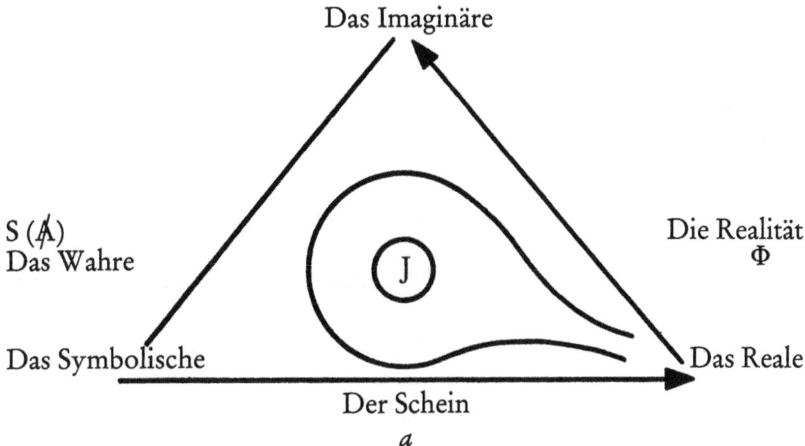

Ich hätte gerne, daß ich, von Zeit zu Zeit, eine Antwort bekäme oder einen Widerspruch.

Ich bin das letzte Mal ziemlich unruhig weggegangen, um nicht mehr zu sagen. Es findet sich jedoch bei meinem Wiederlesen, daß es für mich selbst sich als durchaus erträglich erweist — das ist meine Art zu sagen, daß es sehr gut war. Aber ich wäre nicht unzufrieden, wenn irgendeiner

mir das Zeugnis geben könnte, davon etwas verstanden zu haben. Es genügt, daß eine Hand sich hebt, damit ich dieser Hand, wenn ich so sagen kann, das Wort erteile.
Ich sehe, daß es damit nichts ist, so daß ich also fortfahren muß.

1 84

Was ich für Sie heute gerne *Hainamoration* schreiben möchte, ist das Relief, das die Psychoanalyse einzuführen verstand, um da zu situieren die Zone ihrer Erfahrung. Das war von ihrer Seite ein Zeugnis guten Willens. Wenn sie nur verstanden hätte es zu benennen mit einem anderen Term als mit diesem, Bastard, der Ambivalenz, vielleicht wäre es ihr eher gelungen, den Kontext der Epoche zu wecken, wo sie sich einrückt. Aber vielleicht war es Bescheidenheit von ihrer Seite.

Ich habe darauf aufmerksam gemacht das letzte Mal, daß es nicht für nichts ist, daß Freud sich wappnet mit der Aussage von Empedokles, daß Gott das unwissendste aller Sein sein muß, da er den Haß gar nicht kennt. Die Frage der Liebe ist so gebunden an die des Wissens. Ich fügte hinzu, daß die Christen diesen Nicht-Haß Gottes umgewandelt haben in ein Kennzeichen der Liebe. Es ist da, daß die Analyse uns veranlaßt zu der Erinnerung, daß man gar keine Liebe kennt ohne Haß. Nun gut, wenn diese Erkenntnis uns enttäuscht, die genährt worden ist im Lauf der Jahrhunderte, und wenn wir heute die Funktion des Wissens erneuern müssen, dann vielleicht darum, weil der Haß überhaupt nicht an seinen Platz gestellt worden ist.

Es ist wahr, daß es nicht das ist, was anzusprechen am wünschenswertesten scheint. Darum habe ich geschlossen mit diesem Satz — *Man könnte sagen, daß je mehr der Mann für die Frau Anlaß gibt, ihn zu verwechseln mit Gott, das heißt das, wovon sie genießt,* erinnern Sie sich an mein Schema vom letzten Mal, *um so weniger il hait,* und im selben, *um so weniger il est,* das heißt, daß in dieser Affär *um so weniger er liebt.* Ich war nicht sehr glücklich, geschlossen zu haben darüber, was immerhin eine Wahrheit ist. Das ist's, was mich heute veranlassen wird, mich zu fragen einmal mehr nach dem, was sich mischt anscheinend vom Wahren und vom Realen.

Daß das Wahre auf das Reale zielt, diese Aussage ist die Frucht einer langen Reduzierung der Ansprüche auf die Wahrheit. Wo immer die Wahrheit sich präsentiert, sich selbst behauptet als von einem Ideal, wovon das Sprechen die Stütze sein kann, läßt sie sich nicht so leicht erreichen. Was die Analyse angeht, wenn sie sich setzt von einer Voran-nahme her, dann ist's wohl von der, daß aus ihrer Erfahrung sich konstituieren könnte ein Wissen über die Wahrheit.

In dem kleinen Gramm, das ich Ihnen gegeben habe vom analytischen Diskurs, schreibt sich das *a* oben links und stützt sich vom S_2 her, das heißt vom Wissen, insofern es am Platz der Wahrheit ist. Von da aus interpelliert es das $\$$, was hinauslaufen muß auf die Produktion des S_1, des Signifikanten, mit dem sich lösen könnte was? — sein Verhältnis zur Wahrheit.

$$\frac{a}{S_2} \longrightarrow \frac{\$}{S_1}$$

Schema des analytischen Diskurses

85 Die Wahrheit, sagen wir, um im Lebendigen zu schneiden, ist von Ursprung ἀλήϑεια, Ausdruck, über den Heidegger so viel spekuliert hat. *Emet,* der hebräische Ausdruck, hat, wie jede Benutzung des Ausdrucks Wahrheit, juristischen Ursprung. In unseren Tagen noch ist der Zeuge gebeten, die Wahrheit zu sagen, nichts als die Wahrheit, und was mehr ist, die ganze, wenn er kann — wie aber könnte er? Man verlangt von ihm die ganze Wahrheit über das, was er weiß. Aber, tatsächlich, was gesucht ist, und mehr als in jedem anderen im juridischen Zeugnis, das ist, womit beurteilt werden kann, was ist mit seinem Genießen. Das Ziel, das ist, daß das Genießen sich eingesteht und zwar just darin, daß es uneingestehbar sein kann. Die gesuchte Wahrheit ist eben die, in Anbetracht des Gesetzes, das den Genuß regelt.

Das ist es auch, worin, in den Termini von Kant, sich das Problem ausspricht dessen, was der freie Mann tun soll, wenn man ihm alle Genüsse vorsetzt, so er den Feind anzeigt, von dem der Tyrann fürchtet, daß er es sei, der ihm den Genuß streitig macht. Muß von diesem Imperativ, daß nichts, was von der Ordnung des Pathischen ist, die Zeugenaussage steuern soll, abgeleitet werden, daß der freie Mann die Wahrheit sagen soll dem Tyrannen, ihm ruhig ausliefernd durch seine Wahrhaftigkeit den Feind, den Rivalen? Der Vorbehalt, den uns allen die Antwort Kants einflößt, die bejahend ist, liegt darin, daß alle Wahrheit eben das ist, was sich nicht sagen kann. Es ist das, was sich sagen kann nur unter der Bedingung, sie nicht bis zum Äußersten zu treiben, nur dies zu tun, sie halb-zu-sagen.

Anderes noch bindet uns hinsichtlich dessen, was ist mit der Wahrheit, das ist, daß das Genießen eine Grenze ist. Das hängt an der Struktur selbst, die zu der Zeit, als ich sie für Sie konstruierte, meine Quadrupeden aufriefen — das Genießen läßt sich interpellieren, aufrufen, heraustreiben, erarbeiten nur ausgehend von einem Schein.

Die Liebe selbst, habe ich unterstrichen das letzte Mal, wendet sich an den Schein. Und, wenn es wahr ist, daß das Andere erreicht wird nur darin, sich zu klammern, wie ich es das letzte Mal gesagt habe, ans *a*, Ursache des Begehrens, so ist es auch an den Schein von Sein, an den es sich wendet. Dieses Sein da ist nicht nichts. Es ist supponiert jenem Objekt, das das *a* ist.

Müssen wir hier nicht jene Spur wiederfinden, daß als solches es einem Imaginären entspricht? Dieses Imaginäre, ich habe es ausdrücklich bezeichnet mit dem *I*, hier isoliert aus dem Term *imaginär*. Es ist nur durch die Einkleidung des Selbstbildes, die dann das Objekt Ursache des Begehrens einhüllt, daß sich meistens stützt — das ist die eigentliche Artikulation der Analyse — das objektale Verhältnis.

Die Affinität des *a* zu seiner Hülle ist eine der Hauptverbindungen, die vorgebracht wurden durch die Psychoanalyse. Es ist für uns der Punkt des Argwohns, den sie einführt wesentlich.

Es ist da, daß das Reale sich unterscheidet. Das Reale vermöchte sich einzuschreiben nur über einen Unweg der Formalisierung. Deshalb habe ich geglaubt, dessen Modell zeichnen zu können ausgehend von der mathematischen Formalisierung, insofern sie die am weitesten getriebene Ausarbeitung ist, die uns gegeben worden ist, Signifikanz zu produzieren. Diese mathematische Formalisierung der Signifikanz macht sich im Gegensatz zum Sinn, ich hätte beinahe gesagt im *Gegen-Sinn*. Dies *das will nichts sagen* bezüglich der Mathematik, das ist, was, in unserer Zeit, 86
die Philosophen der Mathematik sagen, wären sie selbst Mathematiker gewesen, wie Russell.

Und doch, im Hinblick auf eine Philosophie, deren Pointe der Diskurs Hegels ist — Fülle von dialektisierten Kontrasten in der Idee eines historischen Fortschreitens, von dem man sagen muß, daß nichts uns die Substanz bescheinigt — kann die Formalisierung der mathematischen Logik, so gut gemacht, sich nur auf die Schrift zu stützen, uns nicht dienen im analytischen Prozeß, darin, daß sich in ihr abzeichnet das, was die Körper zügelt unsichtbar?

Wenn es mir erlaubt wäre, ein Bild davon zu geben, würde ich es leicht nehmen aus dem, was, in der Natur, sich am meisten zu nähern scheint

dieser Reduzierung auf die Dimension der Fläche, die der Schrieb fordert und worüber schon Spinoza sich verwunderte — diese Arbeit am Text, die aus dem Bauch der Spinne kommt, ihr Geweb. Eine Funktion wahrhaft wunderlich, zu sehen, wie aus der Fläche selbst, entspringend von einem opaken Punkt dieses sonderbaren Wesens, sich abzeichnet die Spur dieser Schriebe. Wo die Grenzen fassen, die Punkte von Unweg, von Ohne-Ausweg, die das Reale zeigen herangehend ans Symbolische.
Eben darin halte ich es nicht für vergeblich, so gekommen zu sein zur Schrift des *a*, des $\not{S}$, des Signifikanten, des A und des Φ. Ihre Schrift selbst bildet eine Stütze, die über das Sprechen hinausgeht, ohne herauszutreten aus den Effekten selbst der Sprache. Dies hat den Wert, das Symbolische zu zentrieren, unter der Bedingung, sich seiner zu bedienen zu wissen, für was? — dafür, eine gemäße Wahrheit zu erhalten, nicht die Wahrheit, die von sich vorgibt, die ganze zu sein, sondern die des Halb-Sagens, die, die sich bewahrheitet, indem sie sich davor hütet, bis zum Geständnis zu gehen, was das Schlimmste wäre, die Wahrheit, die sich hütet ab der Ursache des Begehrens.

2

Die Analyse vermutet vom Begehren, daß es sich einschreibt von einer körperlichen Kontingenz her.
Ich erinnere Sie daran, wie ich diesen Ausdruck Kontingenz stütze. Der Phallus — so wie ihn die Analyse angeht als den Schlüssel-Punkt, den extremen Punkt dessen, was sich aussagt als Ursache des Begehrens — die analytische Erfahrung zessiert, ihn nicht zu schreiben. In diesem *zessiert, sich nicht zu schreiben,* liegt die Pointe dessen, was ich Kontingenz genannt habe.
Die analytische Erfahrung trifft da auf ihren Term, denn alles, was sie produzieren kann, meinem Gramm zufolge, ist S_1. Ich denke, Sie haben noch die Erinnerung an die Unruhe, die ich hervorrufen konnte das letzte Mal, als ich diesen Signifikanten S_1 bezeichnete als den Signifikanten selbst des idiotischsten Genießens — in den zwei Bedeutungen des Terms, Genießen des Idioten, was hier sicherlich seine Funktion als Referenz hat, Genießen auch das singulärste.
Das Nezessäre hingegen ist uns eingeführt durch das *zessiert nicht.* Das *zessiert nicht* des Nezessären, das ist das *zessiert nicht, sich zu schreiben.* Eben an diese Nezessität führt uns offenbar die Analyse der Referenz auf den Phallus.

Das *zessiert nicht, sich nicht zu schreiben* dagegen, das ist das Unmögliche, 87
so wie ich es definiere aus dem, daß es sich in keinem Fall schreiben kann, und dadurch bezeichne ich, was mit dem Geschlechtsverhältnis ist — das Geschlechtsverhältnis zessiert nicht, sich nicht zu schreiben.

Aufgrund dieser Tatsache deckt sich die offenbare Nezessität der phallischen Funktion auf, nur Kontingenz zu sein. Es ist als Modus des Kontingenten, daß sie zessiert, sich nicht zu schreiben. Die Kontingenz ist das, worin sich zusammenfaßt, was das Geschlechtsverhältnis dazu bestellt für das sprechende Sein, nur der Bereich der Begegnung zu sein. Es ist nur als Kontingenz, daß durch die Psychoanalyse der Phallus, vorbehalten in den antiken Zeiten den Mysterien, zessiert hat, sich nicht zu schreiben. Nichts weiter. Er ist nicht eingetreten in das *zessiert nicht*, in das Feld, von dem abhängen die Nezessität einerseits und, höher, die Unmöglichkeit.

Das Wahre bezeugt also hier, daß darin, wie es auf der Hut sein läßt vor dem Imaginären, es viel zu tun hat mit der *a-natomie*.

Diese drei Terme, die, die ich anschreibe mit *a*, mit S(Ⱥ) und mit Φ, es ist, letzten Endes, unter dem Winkel einer Wertminderung, daß ich sie beibringe. Sie schreiben sich ein auf diesem Dreieck, das konstituiert ist vom Imaginären, vom Symbolischen und vom Realen.

Rechts, das Wenige-an-Realität, womit sich dieses Lustprinzip stützt, das macht, daß alles, was uns erlaubt ist anzugehen an Realität, eingewurzelt bleibt im Phantasma.

Auf der anderen Seite, S (Ⱥ), was ist das anderes als die Unmöglichkeit, das ganze Wahre zu sagen, wovon ich vorhin sprach?

Schließlich, das Symbolische, indem es sich auf das Reale richtet, demonstriert uns die wahre Natur des Objekts *a*. Wenn ich es vorhin qualifiziert habe als Schein von Sein, so weil es uns die Stütze des Seins zu geben scheint. In allem, was ausgearbeitet worden ist vom Sein und selbst vom Wesen, bei Aristoteles beispielsweise, können wir sehen, wenn wir es lesen ausgehend von der analytischen Erfahrung, daß es sich handelt um das Objekt *a*. Die Anschauung, zum Beispiel die Aristotelische, ist die Tatsache jenes Blicks, wie ich ihn definiert habe in *Die vier Grundbegriffe der Psychoanalyse* als eine der vier Stützen, die die Ursache des Begehrens ausmachen.

Durch eine solche Graphizisierung — um nicht von Graph zu sprechen, denn das ist ein Term, der einen präzisen Sinn hat in der mathematischen Logik — zeigen sich die Korrespondenzen, die aus dem Realen ein Offenes machen zwischen dem Schein, resultierend aus dem Symbolischen, und der Realität, so wie sie sich stützt im Konkreten des menschlichen Lebens — in dem, was die Menschen führt, in dem, was sie immer Boden gewinnen läßt auf den gleichen Wegen, in dem, was macht, daß je das encore-à-naître nichts geben wird als *encorné*.

Von der anderen Seite, das *a*. Es, da es auf dem richtigen Weg ist alles in allem, ließe es uns nehmen als Sein, im Namen dessen, daß es offenbar doch etwas ist. Aber es löst sich auf letztlich nur aus seinem Scheitern, nur daraus, sich nicht halten zu können im Zugang zum Realen.

Das Wahre also, gewiß, das ist das. Bloß, daß es je erreicht werden kann
88 nur auf gewundenen Pfaden. Das Wahre anzurufen, was zu tun wir gewöhnlich veranlaßt sind, ist einfach in Erinnerung zu rufen, daß man sich nicht täuschen soll und glauben, daß man selbst schon im Schein ist. Vor dem Schein, auf den sich tatsächlich alles stützt, weil es aufsteigt im Phantasma, gilt es eine strenge Unterscheidung zu machen des Imaginären und des Realen. Man darf nicht glauben, daß in irgendeiner Weise wir selbst es seien, die den Schein stützten. Wir sind nicht einmal Schein. Wir sind gelegentlich das, was seinen Platz einnehmen und dort walten lassen kann was? — das Objekt *a*.

Der Analytiker, in der Tat, von allen Ordnungen des Diskurses, die sich halten aktuell — und dieses Wort ist nicht nichts, wenn wir dem Akt seinen vollen Aristotelischen Sinn geben — ist der, der, indem er das Objekt *a* an den Platz des Scheins stellt, in der passendsten Position ist zu tun, was zu tun richtig ist, nämlich als Wissen zu befragen, was ist mit der Wahrheit.

3

Was ist das, das Wissen? Es ist sonderbar, daß vor Descartes die Frage nach dem Wissen nie gestellt worden ist. Es hat die Analyse gebraucht, damit diese Frage sich erneuere.

Die Analyse sollte uns ankündigen, daß es Wissen gibt, das sich nicht weiß, ein Wissen, das sich stützt auf den Signifikanten als solchen. Ein Traum, das führt ein in keinerlei unauslotbare Erfahrung, in keinerlei Mystik, das liest sich in dem, was sich davon sagt, und zwar, daß man wird weiter kommen können, wenn man seine Mehrdeutigkeiten nimmt im anagrammatischsten Sinn des Wortes. Es ist an diesem Punkt der Sprache, daß ein Saussure sich die Frage stellte, ob in den saturnischen Versen, wo er die sonderbarsten Schriebinterpunktionen fand, dies absichtlich war oder nicht. Da eben erwartet Saussure Freud. Und da eben erneuert sich die Frage des Wissens.

Wenn Sie's mir hier wohl vergeben möchten, zu borgen bei einem ganz anderen Register, dem der durch die christliche Religion begründeten Tugenden, es gibt da so etwas wie einen späten Effekt, einen Ableger der Barmherzigkeit. Ist es nicht, bei Freud, Barmherzigkeit, erlaubt zu haben dem Leid der sprechenden Sein, sich zu sagen, daß es — da es das Unbewußte gibt — etwas gibt, das transzendiert, das wahrhaftig transzendiert und das nichts anderes ist als das, was sie bewohnt, diese Spezies, nämlich die Sprache? Ist es nicht, ja, Barmherzigkeit, ihr diese Botschaft zu verkünden, daß in dem, was ihr Alltagsleben ist, sie mit der Sprache eine Stütze mehr hat als Grund, als es scheinen konnte, und daß Weisheit, unerreichbares Objekt eines vergeblichen Nachstellens, es da schon gibt?

Braucht es diesen ganzen Umweg, um die Frage des Wissens zu stellen in der Form — *was ist das, das weiß?* Gibt man sich Rechenschaft davon, daß es das Andere ist? — so wie ich es am Anfang gesetzt habe, als den Ort, wo der Signifikant sich setzt, und ohne den nichts uns anzeigt, daß es irgendwo eine Wahrheitsdimension gebe, eine *dit-mension,* die Bleibe des Gesagten, dieses Gesagten, wovon das Wissen das Andere setzt als Ort.

Das Statut des Wissens impliziert als solches, daß es davon, Wissen, bereits gibt, und zwar im Anderen, und daß es zu nehmen ist. Darum ist 89
es Fakt von *apprendre*.

Das Subjekt resultiert daraus, qu'il doive être appris, dieses Wissen, und sogar mis à prix, das heißt, daß es seine Kosten sind, die es bewerten, nicht von Tausch, sondern von Gebrauch her. Das Wissen ist eben so viel wert, als es kostet, *beau-coût*, weil dafür Haut zu Markte zu tragen wäre, weil es schwierig wäre, schwierig was? — weniger es zu erwerben als davon zu genießen.

Da, in dem Genießen, erneuert sich die Eroberung dieses Wissens jedesmal, daß es geübt wird, wobei die Macht, die es verschafft, stets zugewendet bleibt seinem Genuß.

Es ist sonderbar, daß das nie herausgestellt worden sein soll, daß der Sinn des Wissens ganz und gar da ist, daß die Schwierigkeit seiner Übung eben das ist, was die seiner Erwerbung steigert. Das liegt daran, daß bei jeder Tätigung dieses Kaufs sich wiederholt, daß es keine Frage ist, welche dieser Wiederholungen als erste zu setzen ist in seinem appris.

Sicher, es gibt Dinge, die laufen und die durchaus den Anschein haben, zu gehen wie kleine Maschinen — man nennt das Rechner. Daß ein Rechner denkt, mir soll's recht sein. Aber daß er wisse, wer wird das sagen? Denn die Grundlegung eines Wissens ist, daß der Genuß seiner Übung derselbe ist wie der seines Erwerbs.

Da trifft sich in sicherer Weise, sicherer als bei Marx selbst, was es auf sich hat mit einem Gebrauchswert, denn ebensowohl, bei Marx, ist dieser nur da, um den Idealpunkt abzugeben in bezug auf den Tauschwert, wo alles sich zusammenfaßt.

Reden wir davon, von diesem appris, das nicht auf dem Tausch beruht. Mit dem Wissen eines Marx in der Politik — das nicht nichts ist — macht man nicht *Kommarx,* wenn Sie mir gestatten. So wenig, als man mit dem von Freud *fraudieren* kann.

Man braucht nur hinzuschauen, um zu sehen, daß, überall dort, wo man sie nicht vorfindet, diese Wissen, wenn man sie sich unter die Haut hat gehen lassen durch harte Erfahrungen, es aufs Trockene geht. Das importiert sich nicht, noch exportiert es sich. Es gibt keine Information, die hielte, es sei denn vom Zuschnitt eines zum Gebrauch Geformten.

So leitet sich die Tatsache ab, daß das Wissen im Anderen ist, daß es nichts schulde dem Sein, es sei denn, es habe seinen Buchstaben befördert. Woraus folgt, daß das Sein töten könne da, wo der Buchstabe reproduziert, aber je reproduziert dasselbe, je dasselbe Sein von Wissen.

Ich denke, daß Sie spüren da, bezüglich des Wissens, die Funktion, die ich dem Buchstaben gebe. Es ist die, in bezug auf die ich Sie bitte, nicht zu schnell auf die Seite vermeintlicher Botschaften zu gleiten. Es ist die, die den Buchstaben zum Analogon macht eines Keims, Keim, den wir, wenn wir auf der Linie der Molekularphysiologie sind, streng trennen müssen von den Körpern, bei denen er Leben und Tod befördert alles zusammen.

Marx und Lenin, Freud und Lacan sind nicht gekuppelt im Sein. Es ist durch den Buchstaben, den sie gefunden haben im Anderen, daß sie, als Sein von Wissen, vorgehen zwei um zwei in einem supponierten Ande-
90 ren. Das Neue ihres Wissens ist, daß damit nicht unterstellt ist, daß das Andere etwas davon wisse — nicht allerdings das Sein, das hier Buchstabe gemacht hat — denn es ist wohl aus dem Anderen, daß es Buchstabe gemacht hat auf seine Kosten, um den Preis seines Seins, mein Gott, für einen jeden nicht aus überhaupt nichts, aber auch nicht sehr viel, um die Wahrheit zu sagen.

Diese Sein, von wo der Buchstabe sich macht, ich werde Ihnen über sie etwas im Vertrauen sagen. Ich denke nicht, trotz allem, was man hat erzählen können zum Beispiel von Lenin, daß der Haß noch die Liebe, daß die Hainamoration, auch nur eines von ihnen wirklich erstickt hätte. Man erzähle mir bloß keine Geschichte über Madame Freud! Darüber habe ich das Zeugnis von Jung. Er sagte die Wahrheit. Das eben war ja gerade sein Unrecht — er sagte nur das.

Die, die's schaffen, solche Sorten von Seinsverwürfen zu tun, encore, das sind eher die, die teilhaben am mépris. Ich möchte Sie das schreiben lassen diesmal, denn heute amüsiere ich mich, *méprix*. Das macht *uniprix*. Wir leben in der Zeit der *supermarkets*, also muß man wissen, was man zu produzieren fähig ist, selbst in Sachen Sein.

Das Ärgerliche ist, daß das Andere, der Ort, seinerseits nichts wisse. Man kann nicht länger Gott hassen, wenn er selbst nichts weiß, besonders von dem, was so passiert. Solange man ihn hassen konnte, konnte man glauben, daß er uns liebte, da er es uns nicht vergalt. Das war nicht so klar, obwohl man, in gewissen Fällen, tüchtig drangesetzt hat.

Also, da ich zu Ende komme mit diesen Reden, die ich den Mut habe, zu verfolgen vor Ihnen, möchte ich Ihnen eine Idee sagen, die mir da kommt, worüber ich ein ganz klein wenig nachgedacht habe. Man erklärt uns das Unglück von Christus durch eine Idee, die Menschen zu retten, ich finde eher, daß es sich darum handelte, Gott zu retten, indem wieder ein wenig Gegenwart, Aktualität gegeben wird jenem Haß auf Gott, bei dem uns, und mit Grund, eher flau ist.

Daher sage ich, daß die Imputation des Unbewußten eine Tat unglaublicher Barmherzigkeit ist. Sie wissen, sie wissen, die Subjekte. Aber schließlich, immerhin, sie wissen nicht alles. Auf der Ebene dieses Nicht-Alles gibt es nur noch das Andere, nicht zu wissen. Es ist das Andere, das das Nicht-Alles macht, justament darin, daß es der Part des pas-savant-du-tout in diesem Nicht-Alles ist.

Also, für den Moment, kann's bequem sein, es verantwortlich zu machen für das, wozu die Analyse führt aufs Offenkundigste, außer daß es niemand merkt — wenn die Libido nur männlich ist, so ist es nur von da, wo sie alle ist, die liebe Frau, das heißt da, von wo aus sie sieht der Mann, und nur von da, daß die liebe Frau haben kann ein Unbewußtes.

Und wozu dient ihr das? Das dient ihr, wie jeder weiß, zum Reden zu bringen das sprechende Sein, hier reduziert auf den Mann, das heißt — ich weiß nicht, ob Sie es recht bemerkt haben in der analytischen Theorie — zu existieren nur als Mutter. Sie hat Effekte von Unbewußtem, aber ihr eigenes Unbewußtes, ihres — an der Grenze, wo sie nicht verantwortlich ist für das Unbewußte von aller Welt, das heißt am Punkt, wo das Andere, mit dem sie zu tun hat, das groß Andere, macht, daß sie nichts weiß, weil 91
es, das Andere, umsoweniger weiß, als es sehr schwierig ist, seine Existenz aufrecht zu erhalten — dieses Unbewußte, was davon sagen? — es sei denn, mit Freud dafürzuhalten, daß es ihr die Partie nicht eben leicht macht.

Ich habe das letzte Mal, wie ich es mir gestatte, auf der ein wenig an den Haaren herbeigezogenen Äquivokation von *il hait* und *il est* gespielt. Ich genieße das nicht, es sei denn, daß ich die Frage vorlege, ob sie der Schere würdig sei. Das ist justament, worum es sich handelt in der Kastration.

Daß das Sein als solches den Haß hervorruft, ist nicht ausgeschlossen. Sicher, das ganze Geschäft von Aristoteles war im Gegenteil, das Sein zu konzipieren als seiend das, wodurch die Sein geringeren Seins partizipieren am höchsten der Sein. Und dem heiligen Thomas ist es gelungen, das wiedereinzuführen in die christliche Tradition — was nicht überraschend ist, sieht man, daß sie, weil sie bei den Heiden verbreitet worden ist, zwangsläufig dort ganz geformt worden ist, so daß nur an den Fäden zu ziehen war, damit das wieder anlaufe. Aber gibt man sich Rechenschaft, daß alles in der jüdischen Tradition dem entgegensteht? Der Schnitt hier geht nicht vom Vollkommensten zum weniger Vollkommenen. Das weniger Vollkommene ist hier ganz einfach das, was es ist, das heißt radikal unvollkommen, und man braucht strikt nur dem Finger und dem Auge zu gehorchen, wenn ich mich so ausdrücken darf, dem, der den Namen Jahwe trägt, mit übrigens einigen anderen Namen im Umkreis. Dieser hat sein Volk auserwählt, und dagegen ist nicht anzugehen.

Zeigt sich da nicht nackt, daß es eben besser ist, als ihn zu *être-haïr,* ihn zu verraten bei Gelegenheit, und das ist es, was, ganz offenkundig, die Juden sich nicht haben nehmen lassen. Sie konnten da nicht anders heraus.

Wir sind, über diesem Thema des Hasses, so kurzatmig, daß niemand gewahr wird, daß ein Haß, ein solider Haß, daß das sich richtet an das Sein, an das Sein sogar von jemand, der nicht zwingend Gott ist.

Man bleibt damit — und eben insofern habe ich gesagt, daß das *a* ein Schein von Sein ist — bei dem Begriff — und eben da ist die Analyse, wie stets, ein wenig hinkend — bei dem Begriff der haine jalouse, jener, die der *jalouissance* entspringt, von jener, die *s'imageaillisse* aus dem Blick beim heiligen Augustinus, der es beobachtet, das kleine Kerlchen. Er ist da als Drittes. Er beobachtet das kleine Kerlchen und, *pallidus,* er erbleicht, wie er beobachtet, hängend an der Brustwarze, den *conlactaneum suum.* Ein Glück, daß das das erste substitutive Genießen ist, nach der Aussage von Freud, das Begehren, hervorgerufen von einer Metonymie, das sich niederschreibt aus einem unterstellten Anspruch, gerichtet an den Anderen, aus diesem Kern dessen, was ich *Ding* genannt habe in meinem Seminar über *Die Ethik der Psychoanalyse,* eben das

Freudsche Ding, und, mit anderen Worten, der Nächste eben, den Freud sich weigert zu lieben über gewisse Grenzen hinaus.
Das angeblickte Kind, es, hat es, das *a*. Ist, das *a* zu haben, es zu sein? Das ist die Frage, über der ich Sie lasse heute.

20. März 1973

ERGÄNZUNG 92

Beginn der folgenden Sitzung: DIE STELLUNG DES LINGUISTEN

Ich spreche selten von dem, was erscheint, wenn es sich um etwas von mir handelt, um so mehr als ich im allgemeinen lang genug darauf warten muß, damit das Interesse sich davon distanziert für mich. Nichtsdestoweniger wäre es nicht schlecht für das nächste Mal, daß Sie etwas gelesen hätten, was ich *L'Étourdit* betitelt habe, was ausgeht von der Distanz, die es gibt vom Sagen zum Gesagten.
Ob es an Sein gebe nur im Gesagten, das ist eine Frage, die wir in der Schwebe lassen wollen. Es ist sicher, daß es Gesagtes gibt nur vom Sein, aber das nötigt nicht zur Umkehrung. Hingegen, was mein Sagen ist, das ist, daß es Unbewußtes gibt nur vom Gesagten. Wir können vom Unbewußten handeln nur ausgehend vom Gesagten, und zwar vom Gesagten des Analysanten. Das, das ist ein Sagen.
Wie sagen? Das ist da die Frage. Man kann nicht irgendwie sagen, und das ist das Problem jedes, der immer die Sprache bewohnt, nämlich von uns allen.
Eben deshalb habe ich heute — bezüglich dieser Kluft, die ich einmal ausdrücken wollte, indem ich von der Linguistik das unterschied, was ich hier mache, das heißt Linguisterie — jemanden, der, wofür ich sehr dankbar bin, gern darauf eingegangen ist, gebeten, heute zu kommen, Ihnen zu sagen, was es gegenwärtig mit der Stellung des Linguisten ist. Niemand ist qualifizierter dazu als der, den ich Ihnen vorstelle, Jean-Claude Milner, ein Linguist.

Ende der Sitzung: DANKSAGUNGEN

Ich weiß nicht, was ich tun kann in der Viertelstunde, die mir bleibt. Ich werde mich halten an einen ethischen Begriff. Die Ethik — wie vielleicht die ahnen können, die mich davon früher haben sprechen hören — hat den größten Bezug mit unserem Wohnen in der Sprache, und das ist auch — wozu ein gewisser Autor die Bahn gelegt hat, auf den ich ein andermal zu sprechen kommen will — von der Ordnung der Geste. Wenn man die Sprache bewohnt, gibt es Gesten, die man macht, Gesten der Begrüßung, der Unterwerfung bei Gelegenheit, der Bewunderung, wenn es sich um einen anderen Fluchtpunkt handelt, das Schöne. Das impliziert, daß das nicht darüberhinaus geht. Man macht eine Geste und dann benimmt man sich wie jedermann, das heißt wie die übrigen Kanaillen.

Trotzdem, es gibt Gesten und Gesten. Und die erste Geste, die mir buchstäblich diktiert wird von dieser ethischen Bezugnahme, muß die sein, Jean-Claude Milner zu danken für das, was er uns vom jetzigen Punkt aus gebracht hat über den Riß, der sich auftut in der Linguistik selbst. Das rechtfertigt vielleicht eine gewisse Anzahl von Haltungen, die
93 wir vielleicht — ich rede von mir — nur einer gewissen Distanz verdanken, in der wir waren zu dieser aufsteigenden Wissenschaft, als sie glaubte es werden zu können, Wissenschaft. Es ist sicher, daß die Information, die wir nun aufgenommen haben, für uns von größter Dringlichkeit war. In der Tat, es ist doch sehr schwierig, nicht zu bemerken, daß, was die analytische Technik angeht, wenn das Subjekt, das uns gegenüber ist, nichts sagt, dies eine Schwierigkeit ist, von der man zumindest sagen kann, daß sie recht speziell ist.

Was ich vorbrachte, indem ich *lalangue* in einem Wort schrieb, war genau das, wodurch ich mich vom Strukturalismus unterscheide, insofern dieser die Sprache der Semiologie integrieren würde — und das scheint mir eines der zahlreichen Lichter zu sein, die Jean-Claude Milner aufgesteckt hat. Wie es das kleine Buch angibt, das ich Sie lesen ließ unter dem Titel *Titre de la lettre,* ist es eben eine Unterordnung des Zeichens im Hinblick auf den Signifikanten, worum es sich handelt in allem, was ich vorgebracht habe.

Ich muß mir auch die Zeit nehmen für eine Ehrung von Recanati, der in seiner Intervention mir gewiß bewiesen hat, daß ich wohl verstanden worden bin. Man kann es in zugespitzter Form in allen den Fragen sehen, die er vorgebracht hat, und die gewissermaßen die sind, in denen mir zum Ende dieses Jahres bleibt, Ihnen das zu liefern, was ich ab jetzt habe als Antwort. Daß er schließen sollte mit der Frage Kierkegaard und Regina, ist absolut beispielhaft — da ich bis jetzt nur kurz darauf angespielt habe, ist das in der Tat ganz von ihm. Man kann nicht besser, soweit ich bin mit dieser Bahn, die ich vor Ihnen lege, den Resonanzeffekt illustrieren, der einfach darin besteht, daß jemand kapiert, worum es sich handelt. Durch die Fragen, die er mir vorgesetzt hat, werde ich sicher Hilfe haben bei dem, was ich Ihnen zu sagen habe in der Folge. Ich werde ihn um seinen Text bitten, damit ich mich darauf beziehen kann, wenn sich's finden wird, daß ich drauf antworten könnte.

Daß er sich auch auf Berkeley beziehen würde, er hatte darauf keinerlei Hinweis in dem, was ich vor Ihnen angesprochen habe, und eben darin bin ich ihm noch dankbarer. Um Ihnen alles zu sagen, ich habe sogar Sorge getragen erst kürzlich, mir eine Erstausgabe zu verschaffen — denken Sie an, ich bin bibliophil, aber es sind nur die Bücher, die ich auch lesen will, die ich mir zu verschaffen versuche im Original. Ich habe bei solcher Gelegenheit wieder durchgesehen, letzten Sonntag, diesen *Minute philosopher*, diesen kleinen Philosophen, *Alciphron* nennt man ihn auch. Es ist sicher, daß, wenn Berkeley nicht zu meiner frühesten Nahrung gehört hätte, vermutlich viele Dinge, einschließlich meine Unbekümmertheit, mich linguistischer Bezüge zu bedienen, nicht möglich gewesen wären.

Ich möchte trotzdem etwas sagen zu dem Schema, das Recanati gerade auswischen mußte. Das ist wirklich die Frage — Hysteriker sein oder nicht. Gibt es Ein oder nicht? In anderen Worten, dieses Nicht-Alle in einer Logik, die die klassische Logik ist, scheint zu implizieren die Existenz des Ein, das Ausnahme macht. Also wäre es da, daß wir sähen das Auftauchen als Abgrund — und Sie werden sehen, warum ich es so qualifiziere — dieser Existenz, diese wenigstens-eine Existenz, die, im Hinblick auf die Funktion Φx, sich anschreibt, um sie zu sagen. Denn das Eigentliche des Gesagten, das ist das Sein, ich sagte es soeben. Indes das 94
Eigentliche des Sagens, das ist zu existieren im Verhältnis auf irgendein Gesagtes, welches es auch sei.

Die Frage ist also, tatsächlich, ob aus einem Nicht-Alles, aus einem Einwurf gegen das Universale, das resultieren kann, was sich aussagte von einer Partikularität, die hier widerspricht — Sie sehen da, daß ich auf der Ebene der Aristotelischen Logik bleibe.

Nur Folgendes. Von dem, daß man schreiben kann *nicht-alles x schreibt sich ein in Φx*, leitet sich ab auf dem Wege der Implikation, daß es ein x gibt, das hier widerspricht. Das ist wahr unter einer einzigen Bedingung, nämlich daß bei dem Alles oder Nicht-Alles, um das es sich handelt, es sich um Endliches handle. Was das Endliche betrifft, gibt es nicht nur Implikation, sondern Äquivalenz. Es genügt, daß es eines gebe, das der universalisierenden Formel widerspricht, damit wir diese aufgeben und sie in eine partikulare verwandeln müssen. Dieses Nicht-Alles wird zum Äquivalent dessen, was, in der Aristotelischen Logik, sich aussagt vom Partikularen. Es gibt die Ausnahme. Nur, wir können es zu tun haben im Gegenteil mit dem Unendlichen. Dann ist es nicht mehr von der Seite der Extension her, daß wir das Nicht-Alles nehmen dürfen. Wenn ich sage, daß die Frau nicht-alle ist und daß ich darum nicht sagen kann *die* Frau, dann genau darum, weil ich ein Genießen in Frage stelle, das im Hinblick auf alles, was sich anbietet in der Funktion von Φx, von der Ordnung des Unendlichen ist.

Also, sobald Sie es zu tun haben mit einer unendlichen Menge, können Sie nicht mehr setzen, daß das Nicht-Alles die Existenz von etwas mit sich führt, das sich aus einer Negation herstellte, einer Kontradiktion. Sie können streng genommen es setzen als von einer unbestimmten Existenz. Nur, man weiß über die Extension der mathematischen Logik, jener, die sich präzise qualifiziert als intuitionistisch, daß, um ein „es existiert" zu setzen, man es auch konstruieren können muß, nämlich zu finden wissen, wo diese Existenz ist.

Auf diesen Fuß stütze ich mich, um diese Vierteilung zu produzieren, die eine Existenz setzt, die Recanati sehr gut qualifiziert hat als zur Wahrheit exzentrisch. Es ist zwischen $\exists x$ und dem $\overline{\exists x}$, daß sich situiert die Aufhebung dieser Unbestimmtheit, zwischen einer Existenz, die sich findet, indem sie sich affirmiert, und der Frau, insofern sie sich nicht findet, was der Fall von Regina bestätigt.

Um zum Ende zu kommen, möchte ich Ihnen etwas sagen, das, nach meiner Art, ein klein wenig Rätsel machen wird. Wenn Sie irgendwo dieses Ding wiederlesen, das ich geschrieben habe unter dem Namen *La chose freudienne*, dann verstehen Sie dort dies, daß es nur eine Art gibt, *die* Frau schreiben zu können, ohne das *die* barren zu müssen — das ist auf der Ebene, wo die Frau die Wahrheit ist. Und eben darum kann man von ihr nur halb-sagen.

Man lese den Aufsatz, auf den sich das Exposé von J.-C. Milner gründet, in seinem Buch Arguments linguistiques, *S. 179–217, Paris 1973.*

10. April 1973

95 IX

VOM BAROCK

Da wo es spricht, genießt es, und es weiß nichts.

Ich denke an Sie. Das will nicht heißen, daß ich Sie denke.
Irgendeiner hier vielleicht erinnert sich, daß ich von einer Sprache gesprochen habe, in der man sagen würde — *ich liebe an Sie,* worin sie sich besser als eine andere den indirekten Charakter jenes Anfalls zum Muster nähme, der sich Liebe nennt.
Ich denke an Sie, das ist ja bereits einen Einwand erheben gegen alles, was sich *Humanwissenschaften* nennen könnte in einer gewissen Konzeption der Wissenschaft, nicht diese Wissenschaft, die seit einigen Jahrhunderten erst betrieben wird, sondern die, die sich definiert hat in gewisser Weise mit Aristoteles. Woraus folgt, daß man sich fragen muß, gemäß dem Prinzip dessen, was uns der analytische Diskurs gebracht hat, über welche Wege wohl diese neue Wissenschaft laufen kann, die die unsere ist.
Das impliziert, daß ich zuerst formuliere, von wo wir ausgehen. Von wo wir ausgehen, das ist von dem, was uns der analytische Diskurs gibt, nämlich das Unbewußte. Deshalb werde ich Ihnen zunächst einige etwas gedrängte Formeln zurechtfeilen betreffend das, was es mit dem Unbewußten auf sich hat in Hinblick auf die traditionelle Wissenschaft. Das läßt uns uns die Frage stellen — wie ist eine Wissenschaft noch möglich nach dem, was man sagen kann vom Unbewußten?
Ich kündige Ihnen schon an, daß, so überraschend Ihnen das erscheinen mag, mich das heute dazu führen wird, Ihnen zu sprechen vom Christentum.

1

Ich beginne mit meinen Formeln, die schwierig sind oder, wie ich annehme, es sein müssen — *das Unbewußte, das ist nicht, daß das Sein dächte*, wie immerhin das impliziert, was man darüber sagt in der traditionellen Wissenschaft — *das Unbewußte, das ist, daß das Sein, indem es spricht, genießen soll und*, ich füge hinzu, *nichts weiter davon wissen möchte.* Ich füge hinzu, daß das heißen soll — *überhaupt nichts wissen.*

Um sofort eine Karte abzuwerfen, auf die ich Sie ein wenig hätte warten 96
lassen können — *es gibt kein Begehren zu wissen*, diesen berühmten *Wissenstrieb*, auf den Freud irgendwo hinweist.

Da widerspricht sich Freud. Alles weist darauf hin — da eben ist der Sinn des Unbewußten — nicht allein, daß der Mensch schon alles weiß, was er zu wissen hat, sondern daß dieses Wissen vollkommen begrenzt ist auf jenes insuffiziente Genießen, das konstituiert ist dadurch, daß er spricht.

Sie sehen wohl, daß das eine Frage mit sich bringt in bezug auf das, was es auf sich hat mit jener effektiven Wissenschaft, die wir doch besitzen unter dem Namen einer Physik. In was betrifft diese neue Wissenschaft das Reale? Der Fehler der Wissenschaft, die ich als traditionell qualifiziere, weil sie die ist, die uns aus dem Denken von Aristoteles kommt, ihr Fehler ist, zu implizieren, daß das Gedachte nach dem Bild des Gedankens ist, das heißt, daß das Sein denke.

Um zu einem Beispiel zu gehen, das Ihnen nahe sein mag, möchte ich behaupten, daß das, was die sogenannten *menschlichen Beziehungen* lebbar macht, nicht darin besteht, an sie zu denken.

Eben darauf hat sich alles in allem begründet, was man komischerweise *behaviourism* nennt — das Benehmen, nach seiner Aussage, soll beobachtet werden können dergestalt, daß es sich erklärt durch sein Ziel. Eben darüber hat man gehofft, die Humanwissenschaften zu gründen, alles Verhalten zu umgreifen, wobei nicht unterstellt ist die Absicht irgendeines Subjekts. Von einer gesetzten Finalität wie der dieses Verhaltens, das Objekt macht, nichts leichter, nachdem dieses Objekt seine eigene Regulierung hat, als sie sich vorzustellen im Nervensystem.

Das Dumme ist, daß er nichts weiter tut, als in es all das zu injizieren, was sich ausgearbeitet hat philosophisch, aristotelischerweise von der Seele. Nichts ist verändert. Das ist spürbar darin, daß der *behaviourism* sich nicht ausgezeichnet hat, soweit ich weiß, durch irgendeine Erschütterung der Ethik, das heißt der mentalen Gewohnheiten, der *funda-mentalen* Gewohnheit. Der Mensch, der nur ein Objekt ist, dient einem Ziel. Er gründet sich — was immer man darüber denkt, das ist immer noch da — aus seiner Endursache, welche ist zu leben, im gegebenen Fall, oder genauer zu überleben, das heißt, den Tod aufzuschieben und den Rivalen zu dominieren.

Es ist klar, daß die Zahl der in einer solchen Konzeption der Welt, *Weltanschauung*, wie man sagt, impliziten Gedanken eigentlich unkalkulierbar ist. Es ist immer die Äquivalenz des Denkens und des Gedachten, worum es sich handelt.

Was am meisten gewiß ist an der Denkart der traditionellen Wissenschaft, ist ihr sogenannter Klassizismus — nämlich die Aristotelische Herrschaft der Klasse, das heißt der Gattung und der Spezies, anders gesagt des Individuums betrachtet als spezifiziertes. Auch die Ästhetik resultiert daraus, und die Ethik, die sich daran ausrichtet. Diese Ethik würde ich qualifizieren auf einfache, zu einfache Weise, was Gefahr läuft, Sie rot sehen zu lassen, das muß hier gesagt werden, aber Sie hätten unrecht, zu schnell zu sehen — *das Denken ist auf der Seite des Griffs und das Gedachte auf der anderen Seite,* was sich daraus lesen läßt, daß der Griff das Wort ist — es allein erklärt und gibt Grund.

97 Darin verläßt der *behaviourism* nicht das Klassische. Das ist *dit-manche* — der dimanche de la vie, wie Queneau sagt, nicht ohne gleichzeitig das Verwildertsein daran zu enthüllen.

Nicht evident beim ersten Zugang. Aber, was ich davon aufgreife, das ist, daß dieser *Dimanche* gelesen und gewürdigt worden ist von jemandem, der, in der Geschichte des Denkens, ein wenig Bescheid darüber wußte, Kojève nämlich, der in ihm nichts Geringeres erkannte als das absolute Wissen, wie es uns verheißen ist von Hegel.

2

Wie jemand kürzlich bemerkt hat, reihe ich mich — wer reiht mich? ist es er oder bin ich es? Finesse der lalangue — reihe ich mich eher auf der Seite des Barock ein.

Das ist eine Festlegung, entliehen der Kunstgeschichte. Da die Kunstgeschichte, ganz wie die Geschichte und ganz wie die Kunst, Angelegenheit nicht des Griffs, aber des Ärmels ist, das heißt des Taschenspielertricks, muß ich, bevor ich fortfahre, sagen, was ich darunter verstehe — wobei das Subjekt *ich* nicht aktiver ist in diesem *ich verstehe* als in dem *ich reihe mich ein.*

Und eben dies wird mich in die Geschichte des Christentums tauchen lassen. Sie haben das nicht erwartet?

Das Barock, das ist am Anfang die Historiole, die kleine Geschichte des Christus. Ich will sagen das, was die Geschichte eines Menschen erzählt. Stoßen Sie sich nicht daran, er selbst ist es, der sich als den Menschensohn bezeichnet. Was vier Texte erzählen, die man evangelisch nennt, da sie nicht so sehr Frohbotschaft sind als vielmehr frohe Ankündiger für ihre Art von Botschaft. Das läßt sich auch so verstehen und scheint mir zutreffender. Sie also schreiben auf eine Art, daß nicht eine Tatsache ist, die nicht bestritten werden könnte — Gott weiß, daß man natürlich in die Muleta gerannt ist. Diese Texte sind darum nicht weniger das, was ins Innerste der Wahrheit geht, der Wahrheit als solchen, bis und mit der Tatsache, die ich, ich, ausspreche, daß man sie nur zur Hälfte sagen kann. Das ist ein einfacher Hinweis. Dieser verblüffende Erfolg sollte implizieren, daß ich die Texte nähme und Ihnen Vorlesungen hielte über die Evangelien. Sie sehen, wohin uns das führen würde.

Dies, um Ihnen zu zeigen, daß ihnen ganz nahe nur zu kommen ist im Licht der Kategorien, die ich aus der analytischen Praxis zu gewinnen versucht habe, nämlich das Symbolische, das Imaginäre und das Reale.

Um uns an die erste zu halten, so habe ich ausgesprochen, daß die Wahrheit die *dit-mension* ist, die Messung des Gesagten.

In diesem Genre, die Evangelien, kann man nicht besser sagen. Man kann nicht besser von der Wahrheit sagen. Genau daraus resultiert, daß es Evangelien sind. Man kann gar nicht besser die Dimension der Wahrheit spie- 98
len lassen, das heißt besser die Realität zurückstoßen ins Phantasma.

Schließlich, die Folge hat hinlänglich bewiesen — ich lasse die Texte, ich werde mich an die Wirkung halten — daß diese dit-mension sich hält. Sie hat das überflutet, was man die Welt nennt, indem sie diese zu ihrer Kehrrichtwahrheit restituiert hat. Sie hat das abgelöst, was das Römische, Maurer ohnegleichen, gegründet hatte in einem wunderbaren, universalen Gleichgewicht, mit Bädern an Genuß dazu, die hinlänglich symbolisiert werden von jenen sagenhaften Thermen, von denen uns eingestürzte Stücke geblieben sind. Wir können uns schlechterdings keine Vorstellung mehr machen, wie, was Genießen angeht, pompös das war. Das Christentum hat alles das verworfen als verächtliche Gemeinheit, die man als Welt ansah. So besteht das Christentum fort nicht ohne eine intime Affinität zum Problem des Wahren.

Daß es die wahre Religion sei, wie es vorgibt, ist keine exzessive Vorgabe, und das umso eher, als man, wenn man das Wahre aus der Nähe prüft, genau das von ihm sagen kann als Schlimmstes.

In diesem Register des Wahren, wenn man in es eintritt, kommt man nicht mehr heraus. Um die Wahrheit zu minorisieren, wie sie es verdient, muß man eingetreten sein in den analytischen Diskurs. Was der analytische Diskurs ausquartiert, stellt die Wahrheit an ihren Platz, aber macht sie nicht locker. Sie ist reduziert, aber unverzichtbar. Von daher ihre Konsolidierung, gegen die nichts aufkommen wird — außer das, was noch an Weisheiten fortbesteht, die aber dem nicht die Stirn geboten haben, der Taoismus zum Beispiel, oder andere Heilslehren, für die es zu tun ist nicht um Wahrheit, sondern um den Weg, wie der Name *tao* es anzeigt, um den Weg und darum, etwas verlängern zu können, was ihm gleicht.

Es ist wahr, daß die Historiole des Christus sich darstellt nicht als das Unternehmen, die Menschen zu retten, sondern als das, Gott zu retten. Anzuerkennen ist, daß, für den, der dieses Unternehmen auf sich genommen hat, Christus nämlich, daß er den Preis dafür gezahlt hat, das ist das Mindeste, was man sagen kann.

Das Resultat, man muß sich doch wundern, daß es zu genügen scheint. Daß Gott unauflöslich drei sei, ist immerhin dazu angetan, uns vermuten zu lassen, daß die Zählung *eins-zwei-drei* vor ihm existiert. Entweder-oder — entweder zählt bei ihm nur das Nachträgliche der Christusoffenbarung und es ist sein Wesen, das dabei etwas abkriegt — oder, wenn die Drei ihm vorgängig ist, ist es seine Einheit, die Einbuße erleidet. Von da aus wird begreifbar, daß das Heil Gottes prekär sei und alles in allem dem guten Willen der Christen ausgeliefert.

Das Amüsante ist offenbar — ich habe Ihnen das schon erzählt, aber Sie haben nicht zugehört — daß der Atheismus vertreten werden kann nur von den Geistlichen. Viel schwieriger bei den Laien, deren Unschuld in diesen Dingen total bleibt. Erinnern Sie sich an diesen armen Voltaire. Das war eine boshafte, agile, listige, außerordentlich sprunghafte Type, aber durchaus würdig, in dieses Ablagekästchen da drüben einzutreten, das Panthéon.

99 Freud glücklicherweise hat uns eine notwendige Deutung — die nicht zessiert, sich zu schreiben, wie ich das Notwendige definiere — von der Ermordung des Sohns gegeben, als Grund der Religion der Gnade. Er hat es nicht ganz so gesagt, aber er hat doch vermerkt, daß diese Ermordung eine Art Verneinung war, die eine mögliche Form des Eingeständnisses der Wahrheit konstituiert.

Auf diese Weise rettet Freud aufs neue den Vater. Worin er Jesus Christus nachahmt. Bescheiden, ohne Zweifel. Er geht da nicht in die vollen. Aber er trägt sein Scherflein bei als das, was er ist, nämlich ein guter Jude, nicht ganz auf dem laufenden.
Das geht exzessiv auseinander. Es gilt, sie zu sammeln, damit sie sich ins Zeug legen. Wieviel Zeit wird das dauern?
Es gibt trotzdem etwas, an das ich herangehen möchte, die Essenz des Christentums betreffend. Sie werden heute darüber geifern.
Dafür muß ich nochmals weiter oben anknüpfen.

3

Die Seele — man muß Aristoteles lesen — das ist, offenkundig, worauf das Denken des Griffs hinausläuft.
Das ist umso notwendiger — nämlich nicht zessierend, sich zu schreiben — als das, was es da ausarbeitet, das fragliche Denken, Gedanken über den Körper sind.
Der Körper, das sollte Sie mehr verblüffen. In der Tat ist es wohl das, was die klassische Wissenschaft verblüfft — wie kann das so funktionieren? Ein Körper, der Ihre, egal welcher andere noch, so ein umherlaufender Körper, das muß sich selbst genug sein. Etwas hat mich daran denken lassen, ein kleines Syndrom, das ich aus meiner Unwissenheit habe ausgehen sehen und an das ich erinnert worden bin — wenn durch Zufall die Tränen vertrockneten, würde das Auge nicht mehr besonders gut funktionieren. Das ist es, was ich die Wunder des Körpers nenne. Man spürt das sofort. Nehmen Sie an, daß das nicht mehr weinte, daß das keinen Saft mehr geben würde, die Tränendrüse — Sie würden ganz schön Ärger bekommen.
Andererseits ist es eine Tatsache, daß das flennt, und warum, zum Teufel? — sowie man Ihnen, körperlich, imaginär oder symbolisch, auf die Füße tritt. On vous *affecte,* so nennt man das. Was für ein Verhältnis ist da zwischen diesem Flennen und dem Umstand, dem Unvorhergesehenen zu wehren, das heißt sich zu barren? Das ist eine grobe Formel, die aber gut zum Ausdruck bringt, was sie sagen will, denn sie trifft genau auf das gebarrte Subjekt, das Sie hier ein wenig anklingen gehört haben. Das Subjekt barrt sich, in der Tat, ich habe es gesagt, und zwar öfter, als es an ihm wäre.
Konstatieren Sie hier lediglich, daß es nur von Vorteil ist, den Ausdruck

für das Symbolische, das Imaginäre und das Reale zu vereinheitlichen, wie — ich sage es Ihnen in Klammern — Aristoteles es tat, der die Bewegung nicht von der ἀλλοίωσις unterschied. Die Veränderung und die Motion im Raum, das war für ihn — aber er wußte es nicht — daß das Subjekt sich
100 barrt. Offenkundig besaß er nicht die wahren Kategorien, aber trotzdem spürte er die Dinge wohl.

Mit anderen Worten, wichtig ist, daß all das genügend zusammenhält, damit der Körper subsistiert, es sei denn, daß etwas dazwischenkommt, wie man sagt, außen oder innen. Was heißt, daß der Körper für das genommen wird, was zu sein er sich darstellt, ein geschlossener Körper.

Wer sieht nicht, daß die Seele, daß das nichts anderes ist als seine, diesem Körper, unterstellte Identität, mit allem, was man denkt, um diese zu erklären. Kurz, die Seele, das ist, was man über den Körper denkt — auf der Seite des Griffs.

Und man beruhigt sich damit, daß man denkt, daß er ebenfalls denke. Von daher die Vielfalt der Erklärungen. Wenn von ihm angenommen wird, daß er sekret denkt, hat er Sekretionen — wenn von ihm angenommen wird, daß er konkret denkt, hat er Konkretionen — wenn von ihm angenommen wird, daß er Information denkt, hat er Hormone. Und dann gibt er sich noch dem ADN hin, dem Adonis.

Das alles, um Sie heranzuführen an das, was ich immerhin zu Beginn angekündigt habe über das Subjekt des Unbewußten — denn ich rede nicht einfach nur so, wie man flötet — es ist wirklich seltsam, daß in der Psychologie nicht in Anschlag gebracht wird, daß die Struktur des Denkens auf der Sprache beruht. Besagte Sprache — eben da ist das ganze Neue dieses Terms *Struktur,* die anderen stellen damit an, was sie wollen, aber ich, worauf ich aufmerken lasse, das ist eben das — besagte Sprache führt eine beträchtliche Trägheit mit sich, was man sieht, wenn man ihr Funktionieren vergleicht mit den Zeichen, die man mathematische nennt, Matheme, einzig aufgrund der Tatsache, daß diese sich integral übermitteln. Man weiß absolut nicht, was sie sagen wollen, aber sie lassen sich übermitteln. Es bleibt darum nicht weniger, daß sie sich übermitteln nur mit Hilfe der Sprache, und das ist der ganze Haken an der Sache.

Daß es da etwas gebe, das das Sein begründet, das ist sicher der Körper. Darüber hat sich Aristoteles nicht getäuscht. Körper, davon hat er etliche auseinandergelegt, einen nach dem anderen, siehe die Geschichte der Lebewesen. Aber es gelingt ihm nicht, lesen Sie ihn nur, die Verbindung herzustellen mit seiner Behauptung — Sie haben natürlich nie *De anima* gelesen, trotz meiner inständigen Bitten — daß der Mensch *mit* — Instrument — seiner Seele denkt, das heißt, ich habe es ihnen gerade gesagt, den supponierten Mechanismen, auf die sich sein Körper stützt.

Natürlich, geben Sie acht. Wir sind es, die bei den Mechanismen halten, wegen unserer Physik — die übrigens schon eine Physik auf einem Abstellgleis ist, denn seit der Quantenphysik springt es, was die Mechanismen angeht. Aristoteles war nicht in die Engpässe des Mechanismus eingestiegen. Also, *der Mensch denkt mit seiner Seele,* das will heißen, daß der Mensch denkt mit dem Denken von Aristoteles. Worin das Denken natürlich auf der Seite des Griffs ist.

Es ist offenkundig, daß man gleichwohl versucht hatte, es besser zu machen. Es gibt noch etwas anderes vor der Quantenphysik — die Lehre von der Energie und die Idee der Homöostase. Was ich die Trägheit in der Funktion der Sprache genannt habe, macht, daß jedes Sprechen eine noch nicht in einer Energetik erfaßte Energie ist, denn diese Energetik ist nicht 101
bequem zu messen. Die Energetik, das heißt Energie herauskommen lassen nicht aus Quantitäten, sondern aus Ziffern, die vollkommen arbiträr gewählt sind, mit denen man sich einrichtet, so daß immer irgendwo eine Konstante übrig bleibt. Was die fragliche Trägheit angeht, so sind wir gezwungen, sie auf der Ebene der Sprache selbst zu nehmen.

Welches Verhältnis kann es da wohl geben zwischen der Artikulation, die die Sprache konstituiert, und einem Genießen, das sich enthüllt als die Substanz des Denkens, jenes Denkens, das so mühelos wiedergespiegelt ist in der Welt durch die traditionelle Wissenschaft? Dieses Genießen ist jenes, das macht, daß Gott das höchste Sein ist und daß dieses höchste Sein, dixit Aristoteles, nichts anderes sein kann als der Ort, von dem aus gewußt wird, welches das Gut aller anderen ist. Das hat nicht arg viel Verhältnis, nicht wahr, mit dem Denken, wenn wir es ansehen als dominiert vor allem von der Trägheit der Sprache.

Es ist nicht sehr verwunderlich, daß man nicht gewußt hat, wie das Genießen pressen, festklemmen, es quieken machen, indem man sich dessen bediente, was das beste scheint, die Trägheit der Sprache zu stützen, nämlich die Vorstellung der Kette, der Fadenenden anders gesagt, der Fadenenden, die Ringe bilden und die, man weiß nicht so genau wie, sich untereinander fassen.

Ich habe schon einmal vor Ihnen diesen Begriff vorgebracht, und ich will versuchen, es besser zu tun. Es war also letztes Jahr — ich wundere mich selbst, je weiter ich im Alter vorrücke, daß die Dinge vom vergangenen Jahr mir hundert Jahre zurückzuliegen scheinen — daß ich jene Formel zum Thema genommen habe, die ich stützen zu können glaubte mit dem Borromäischen Knoten — *ich bitte dich zurückzuweisen, was ich dir biete, denn das ist es nicht.*

Das ist eine Formel, sorgfältig angepaßt an ihre Wirkung, wie alle, die ich vortrage. Sehen Sie *L'Étourdit.* Ich habe nicht gesagt *das Sagen bleibt vergessen* etc., ich habe gesagt *daß man sage.* Ebenso hier, ich habe nicht gesagt *denn es ist nur das.*

Das ist es nicht — da der Schrei, wodurch sich der erlangte Genuß unterscheidet vom erwarteten. Das ist, wo sich spezifiziert, was sich sagen kann in der Sprache. Die Negation allem Anschein nach kommt von da. Aber nichts weiter.

Die Struktur, indem sie sich hier anzweigt, demonstriert nichts, es sei denn, daß sie vom Text selbst des Genießens ist, insofern, indem sie festhält, auf welche Distanz es fehlt, jenes, um das es sich handeln würde, wenn *es das wäre,* sie nicht allein jenes supponiert, das es wäre, sondern ein anderes stützt.

Voilà. Diese dit-mension — ich wiederhole mich, aber wir sind in einem Bereich, wo justament das Gesetz die Wiederholung ist — diese dit-mension, das ist das Sagen von Freud.

Das ist sogar der Beweis für die Existenz Freuds — in ein paar Jahren wird es einen brauchen. Gerade habe ich ihn mit einem kleinen Gefährten zusammengebracht, mit Christus. Der Beweis für die Existenz Christi, er ist offenkundig, das ist das Christentum. Das Christentum, in der Tat, das ist da aufgehängt. Nun, für den Augenblick haben wir die *Drei Abhand-*
102 *lungen über die Sexualität,* die ich Sie sich zu vergegenwärtigen bitte, denn ich werde davon von neuem Gebrauch machen müssen über das, was ich *la dérive* nenne, um *Trieb* zu übersetzen, la dérive des Genießens.

Alles das, ich insistiere darauf, ist eigentlich das, was zusammengebrochen gewesen ist während des ganzen philosophischen Altertums durch die Idee der Erkenntnis.

Gott sei Dank war Aristoteles intelligent genug, um im Agenten Intellekt das zu isolieren, worum es sich handelt in der symbolischen Funktion. Er hat einfach gesehen, daß das Symbolische eben das ist, daß der Intellekt agieren mußte. Aber er war nicht intelligent genug — nicht genug, weil nicht in den Genuß der christlichen Offenbarung gekommen — um zu denken, daß ein Sprechen, und wär's das seine, indem es jenen νοῦς bezeichnet, der sich allein auf die Sprache stützt, das Genießen betrifft — welches sich trotzdem bei ihm metaphorisch überall abzeichnet.

Diese ganze Geschichte vom Stoff und von der Form, was suggeriert das als alte Geschichte betreffend die Kopulation! Das hätte ihm erlaubt zu sehen, daß es überhaupt nicht das ist, daß es da nicht die geringste Erkenntnis gibt, sondern daß die Genüsse, die deren Schein stützen, etwas sind wie das Spektrum des weißen Lichts. Unter dieser einzigen Bedingung, daß man sehe, daß das Genießen, um das es geht, außerhalb des Feldes dieses Spektrums ist.

Es geht um Metapher. Bezüglich dessen, was es mit dem Genuß auf sich hat, muß man die falsche Finalität setzen als Entsprechung zu dem, was nur reiner Trug ist eines Genusses, der adäquat wäre dem geschlechtlichen Verhältnis. In dieser Hinsicht sind alle Genüsse nur Rivalen der Finalität, daß es wäre, wenn das Genießen das geringste Verhältnis hätte zum Geschlechtsverhältnis.

4

Ich werde davon ein wenig auf Christus zurückfließen lassen, weil das eine wichtige Person ist, und weil es sich da anbietet, den Barock zu kommentieren. Es ist nicht für nichts, daß man sagt, daß mein Diskurs am Barock partizipiere.

Ich werde eine Frage stellen — welches Gewicht kann in der christlichen Lehre dem zukommen, daß Christus eine Seele habe? Diese Lehre spricht nur von der Fleischwerdung Gottes in einem Körper und nimmt eben an, daß die in dieser Person erlittene Passion den Genuß einer anderen gemacht habe. Aber es gibt nichts, das hier fehlt, insbesondere nicht eine Seele.

Christus, selbst der wiederauferstandene, gilt durch seinen Körper, und sein Körper ist der Dolmetsch, durch den die Kommunion mit seiner Gegenwart Einverleibung ist — Oraltrieb — womit die Braut Christi, Kirche, wie man sie nennt, sich recht wohl begnügt, da sie nichts zu erwarten hat von einer Kopulation.

In allem, was aufwallte aus den Wirkungen des Christentums, in der Kunst insbesondere — eben darin treffe ich mich mit diesem Barockismus, von dem bekleidet zu sein ich akzeptiere — ist alles Ausstellung des Körpers, evozierend den Genuß — glauben Sie da dem Zeugnis von jemand, der eben zurückkommt von einer Kirchenorgie in Italien. Bis auf die Kopulation. Wenn sie nicht gegenwärtig ist, so ist dies nicht einfach
so. Sie bleibt so draußen, wie sie es in der menschlichen Realität ist, die sie 103

gleichwohl aus den Phantasmen unterhält, aus denen sie konstituiert ist.

Nirgendwo, in keinem Kulturraum hat sich dieser Ausschluß in nackterer Weise einbekannt. Ich werde ein wenig mehr sagen — glauben Sie nicht, daß meine Sprüche, daß ich sie nicht für Sie dosiere — ich werde soweit gehen, Ihnen zu sagen, daß nirgendwo wie im Christentum das Kunstwerk als solches sich in offenkundigerer Weise als das erweist, was es seit jeher und überall ist — Obszönität.

Die dit-mension der Obszönität, das ist es, womit das Christentum die Religion der Menschen neu belebt. Ich werde Ihnen nicht eine Definition der Religion geben, denn es gibt nicht mehr an Geschichte der Religion als an Geschichte der Kunst. *Die* Religionen, das ist wie *die* Künste, das ist ein Mülleimer, denn das hat nicht die geringste Homogenität.

Es gibt trotzdem etwas in diesen Utensilien, die man um die Wette fabriziert. Worum es geht, das ist, für diese Sein, die von Natur aus sprechen, die Dringlichkeit, die dadurch gegeben ist, daß sie zu ihrem amourösen Zeitvertreib kommen sollen auf Weisen, die ausgeschlossen sind von dem, was ich — wenn's begreifbar wäre in dem Sinn, den ich gerade dem Wort *âme* gegeben habe, nämlich was macht, daß es funktioniert — die Seele der Kopulation nennen könnte. Ich darf mit diesem Wort stützen, was, indem es sie effektiv dazu treibt, wenn das die Seele der Kopulation wäre, ausarbeitbar wäre durch das, was ich eine Physik nenne, die hier nichts anderes ist als dies — ein Gedanke supponierbar dem Denken.

Es gibt da ein Loch, und dieses Loch heißt das Andere. Wenigstens habe ich geglaubt, es so benennen zu können, das Andere als Ort, wo das Sprechen, indem es deponiert ist — Sie werden auf die Anklänge achtgeben — die Wahrheit fundiert, und mit ihr den Pakt, der der Nichtexistenz des Geschlechtsverhältnisses suppliert, insofern dieses gedacht wäre, gedacht als denkbar, anders gesagt, und der Diskurs nicht darauf reduziert wäre auszugehen — wenn Sie sich an den Titel eines meiner Seminare erinnern — allein vom Schein.

Daß der Gedanke nur agiere im Sinn einer Wissenschaft, indem er dem Denken supponiert wird, das heißt, daß das Sein denken solle, das ist, was die philosophische Tradition von Parmenides an begründet. Parmenides hatte unrecht und Heraklit recht. Das eben ist es, was sich zeichnet an dem, was, im Fragment 93, Heraklit aussagt — οὔτε λέγει οὔτε κρύπτει ἀλλὰ σημαίνει *er gesteht nicht noch verbirgt er, er bedeutet,* wieder an seinen Platz stellend den Diskurs des Griffs selbst — ὁ ἄναξ οὗ τὸ μαντεῖόν ἐστι τὸ ἐν Δελφοῖς, *der Fürst,* der Griff, *der weissagt in Delphi.*

Sie kennen die verrückte Geschichte, die, was mich betrifft, das Delir meiner Bewunderung ausmacht? Ich lege mich in Achtern auf den Boden, wenn ich den heiligen Thomas lese. Denn das ist ungeheuer gut gemacht. Damit die Philosophie von Aristoteles durch den heiligen Thomas reinjiziert worden ist in das, was man das christliche Bewußtsein nennen könnte, wenn das einen Sinn hätte, so ist das etwas, das sich nur erklären läßt, weil — nun, das ist wie die Psychoanalytiker — die Christen Angst haben vor dem, was ihnen geoffenbart worden ist. Und sie haben wohl recht.

Diese Kluft, eingeschrieben dem Statut selbst des Genießens als 104
dit-mension des Körpers, beim sprechenden Sein, dies eben bricht mit Freud wieder hervor durch jenen Test — ich sage nichts weiter — den die Existenz des Sprechens ausmacht. Da wo es spricht, genießt es. Und das will nicht heißen, daß es was wisse, denn, immerhin, bis auf weiteres, hat das Unbewußte uns nichts enthüllt über die Physiologie des Nervensystems, noch über das Funktionieren des Steifwerdens, noch über die Eiaculatio praecox.

Um zum Ende zu kommen mit dieser Geschichte der wahren Religion, möchte ich hervorheben, solange noch Zeit ist dazu, daß Gott sich allein aus Schriften offenbart, die heilige genannt werden. Sie sind heilig worin? — darin, daß sie nicht aufhören, das Mißlingen zu wiederholen — lesen Sie Salomon, das ist der Meister der Meister, das ist der *senti-maître*, ein Typ in meiner Art — das Mißlingen der Versuche einer Weisheit, deren Sein das Zeugnis wäre.

All das will nicht heißen, daß es da nicht Kniffe gegeben hätte von Zeit zu Zeit, dank denen das Genießen — ohne es könnte es hier keine Weisheit geben — sich zu dem Ende gekommen hat glauben können, dem Denken des Seins zu genügen. Nur eben — nie ist diesem Ende anders genügt worden als um den Preis einer Kastration.

Im Taoismus zum Beispiel — Sie wissen nicht, was das ist, sehr wenige wissen es, aber ich, ich habe es praktiziert, ich habe die Texte praktiziert freilich — ist das Beispiel dafür offensichtlich in der Praxis selbst des Geschlechts. Man muß seinen Saft zurückhalten, um wohl zu sein. Der Buddhismus wieder ist das triviale Beispiel durch seinen Verzicht auf das Denken selbst. Was das Beste im Buddhismus ist, das ist das Zen, und das Zen, das besteht darin — dir zu antworten mit einem Geblaffe, mein Freundchen. Das eben ist das Beste, was es gibt, wenn man auf natürliche

Weise herauskommen will aus dieser höllischen Geschichte, wie Freud sagte.

Die antike Fabelbildung, die Mythologie, wie Sie das nennen — auch Claude Lévi-Strauss nennt das so — aus dem Mittelmeerraum — die eben die ist, an die man nicht herankommt, weil sie überaus reich ist und vor allem weil man aus ihr ein solches Gewäsch gemacht hat, daß man nicht mehr weiß, an welchem Ende man sie nehmen soll — die Mythologie ist auch zu etwas gekommen im Genre der Psychoanalyse.

Die Götter, es gab sie schaufelweise, von den Göttern genügte es, den guten zu finden, und das war dann jener zufällige Dreh, der macht, daß manchmal, nach einer Analyse, wir hinkommen, daß ein Einjeder, wie sich's gebührt, schläft mit seiner *einen Einejede.* Es waren aber immerhin Götter, das heißt einigermaßen beständige Repräsentationen des Anderen. Übergehen wir die Schwäche der analytischen Operation.

Sehr eigenartige Sache, das ist so vollkommen kompatibel mit dem christlichen Glauben, daß wir von diesem Polytheismus die Renaissance gesehen haben in der Epoche, die erfaßt ist durch diesen Namen.

Ich sage Ihnen all das, weil ich eben von den Museen zurück bin und alles in allem die Gegenreformation darin bestand, zurückzukommen zu den Quellen, und der Barock die Zurschaustellung dessen ist.

105 Der Barock, das ist die Regulierung der Seele durch die Körperschau.

Man müßte einmal — ich weiß nicht, ob ich je die Zeit haben werde — von der Musik sprechen, soweit das möglich ist. Ich spreche für jetzt nur von dem, was sich sehen läßt in allen Kirchen Europas, all das, was sich festmacht an den Wänden, all das, was zusammenstürzt, all das, was delektiert, all das, was deliriert. Was ich gerade Obszönität genannt habe — aber exaltierte.

Ich frage mich, für jemanden, der aus dem tiefsten China kommt, welche Wirkungen das auf ihn haben muß, dieses Rieseln von Märtyrerdarstellungen. Und ich möchte sagen, daß sich das überschlägt. Diese Darstellungen sind selbst Märtyrer — Sie wissen, daß *Märtyrer* Zeuge heißt — eines mehr oder weniger reinen Leidens. Eben das war unsere Malerei, bis man dann ins Leere gehen sollte, indem man ernstlich begann, sich mit kleinen Quadraten zu beschäftigen.

Es gibt da eine Reduzierung der species humana — dieser Name, *humaine,* klingt wie *humeur malsaine,* es gibt einen Rest, der *malheur* macht. Diese Reduzierung, das ist der Term, durch den die Kirche die Gattung tragen möchte, justament, bis ans Ende der Zeiten. Und sie ist so begründet in der der Sexualität des sprechenden Seins eigenen Kluft, daß sie riskiert, zumindest ebenso begründet zu sein, sagen wir — denn ich will vor nichts die Hoffnung aufgeben — als die Zukunft der Wissenschaft.

Die Zukunft der Wissenschaft, das ist der Titel, den einem seiner Büchelchen dieser Pfaffe gegeben hat, der Ernest Renan hieß und der ein Diener der Wahrheit war, er auch, mit Haut und Haar. Er forderte von ihr nur eines — aber das war absolut das Erste, ohne das war's die Panik — daß sie keinerlei Konsequenz habe.

Die Ökonomie des Genießens, das ist es, was wir noch nicht in den Fingerspitzen haben. Es hätte schon sein kleines Interesse, daß man soweit käme. Was man da sehen kann ausgehend vom analytischen Diskurs, ist, daß man, vielleicht, eine kleine Chance hat, etwas zu finden dazu, von Zeit zu Zeit, über wesentlich kontingente Bahnen.

Wenn mein Diskurs von heute nicht ein absolut, ein gänzlich Negatives war, würde ich befürchten, zurückgekehrt zu sein zum philosophischen Diskurs. Trotzdem, da wir schon einige Weisheiten gesehen haben, die eine kleine Weile gedauert haben, warum sollte man nicht etwas wiederfinden mit dem analytischen Diskurs, das einen präzisen Kniff aufscheinen ließe. Schließlich, was ist die Energetik, wenn das nicht auch ein mathematischer Kniff ist? Der analytische Kniff wird nicht mathematisch sein. Eben darum unterscheidet sich der Diskurs der Analyse vom wissenschaftlichen Diskurs.

Nun, diese Chance, setzen wir sie doch unter das Zeichen Zum kleinen Glück — *encore.*

8. Mai 1973

107 X

FADENRINGE

Ich habe geträumt diese Nacht, daß, als ich hierhin kam, niemand da war.

Worin eben sich bestätigt der Wunschcharakter des Traums. Obgleich ich recht empört war, daß das dienen solle zu nichts, denn ich erinnerte mich auch in meinem Traum, daß ich gearbeitet hatte bis halb fünf Uhr morgens, war das doch die Befriedigung eines Wunsches, nämlich daß ich danach nichts weiter zu tun hatte als Däumchen zu drehen.

1

Ich möchte sagen — das ist meine Funktion — ich möchte sagen einmal mehr — weil ich mich wiederhole — was von meinem Sagen ist, und was sich aussagt — *es gibt keine Metasprache.*

Wenn ich das sage, will das sagen, offensichtlich — keine Sprache des Seins. Aber gibt es das Sein? Wie ich es merken ließ das letzte Mal, was ich sage, das ist dies, daß es nicht gibt. Das Sein ist, wie man sagt, und das Nicht-Sein ist nicht. Es gibt, oder es gibt nicht. Dieses Sein, man unterstellt es je nur gewissen Wörtern — Individuum zum Beispiel, oder Substanz. Für mich ist das nur eine Tatsache von Gesagtem.

Das Wort *Subjekt,* das ich verwende, nimmt daher einen anderen Akzent an.

Ich unterscheide mich von der Sprache des Seins. Dies impliziert, daß es Wortfiktion geben könne — ich will sagen, ausgehend vom Wort. Und wie vielleicht einige sich erinnern, ist es von da, daß ich ausgegangen bin, als ich gesprochen habe von der Ethik.

Es ist nicht, weil ich Dinge geschrieben habe, die Funktion machen als Formen der Sprache, daß ich auch schon das Sein der Metasprache sicherstelle. Denn, dieses Sein, ich müßte es darstellen als subsistierend durch 108
sich, durch sich ganz allein, als die Sprache des Seins.

Die mathematische Formalisierung ist unser Ziel, unser Ideal. Weshalb? — weil allein sie Mathem ist, das heißt fähig, sich integral zu übermitteln. Die mathematische Formalisierung, das ist Geschriebenes, das aber subsistiert nur, wenn ich verwende, es darzustellen, die Sprache, die ich gebrauche. Eben da ist der Einwand — keine Formalisierung der Sprache ist übermittelbar ohne den Gebrauch der Sprache selbst. Es ist durch mein Sagen, daß diese Formalisierung, Ideal Metasprache, ich sie ex-sistieren mache. Auf diese Weise vermischt das Symbolische sich nicht, weit davon entfernt, mit dem Sein, sondern es subsistiert als Ex-sistenz des Sagens. Das ist es, was ich unterstrichen habe, in dem *L'Étourdit* genannten Text, sagend, daß das Symbolische nur trägt die Ex-sistenz.

Inwiefern? Das ist eines der wesentlichen Dinge, die ich gesagt habe das letzte Mal — die Analyse zeichnet sich aus unter all dem, was hervorgebracht worden ist bisher vom Diskurs, dadurch, daß sie aussagt dies, was der Knochen meiner Lehre ist, daß ich spreche, ohne es zu wissen. Ich spreche mit meinem Körper, und dies ohne es zu wissen. Ich sage also immer mehr, als ich davon weiß.

Eben da komme ich zum Sinn des Wortes *Subjekt* im analytischen Diskurs. Das, was spricht, ohne es zu wissen, macht mich *ich*, Subjekt des Verbs. Das langt nicht, mich sein zu machen. Das hat nichts zu tun mit dem, was ich gezwungen bin, ins Sein zu setzen — hinlänglich zu wissen, um sich zu halten, aber nicht einen Tropfen mehr.

Das ist das, was, bishin, man die Form genannt hat. Im Platon ist die Form dieses Wissen, das das Sein füllt. Die Form weiß davon nicht mehr als sie sagt. Sie ist real, in dem Sinn, daß sie das Sein in ihrer Schale hält, aber bis zum Rand. Sie ist das Wissen des Seins. Der Diskurs des Seins unterstellt, daß das Sein sei, und das ist es, was es hält.

Es gibt Seinsverhältnis, das nicht vermag, sich zu wissen. Es ist es, wovon, in meinem Unterricht, ich die Struktur befrage, insofern dieses — wie ich gerade gesagt habe — unmögliche Wissen dadurch untersagt ist. Hier spiele ich mit dem Äquivok — dieses unmögliche Wissen ist zensuriert, abgewehrt, aber das ist es nicht, wenn Sie gebührlich *l'inter-dit* schreiben, es ist gesagt zwischen den Worten, zwischen den Zeilen. Es handelt sich darum anzugeben, zu welcher Art von Realem es uns den Zugang gestattet.

Es handelt sich darum zu zeigen, wohin seine In-Form-Setzung geht, diese Metasprache, die nicht ist, und die ich ex-sistieren mache. Über das, was nicht demonstriert werden kann, kann doch etwas gesagt werden an Wahrem. Auf diese Weise öffnet sich jene Art von Wahrheit, die einzige, die uns zugänglich ist, und die sich erstreckt, zum Beispiel, auf das Nicht-zu-tun-wissen.

Ich weiß nicht, wie mich anstellen, warum nicht es sagen, bei der Wahrheit — ebensowenig wie bei der Frau. Ich habe gesagt, daß die eine wie die andere, zumindest für den Mann, dasselbe wäre. Das macht dieselbe Verlegenheit. Es ist halt so, daß ich Gefallen finde ebensowohl an der einen wie an der anderen, trotz allem, was man darüber sagt.

109 Diese Diskordanz des Wissens und des Seins, das ist unser Sujet. Das hindert nicht, daß man ebenso sagen kann, daß es keine gibt, Diskordanz, was das angeht, was das Spiel führt, nach meinem Titel von diesem Jahr, *encore.* Es ist das Ungenügen des Wissens, wodurch wir encore gefangen sind. Und es ist dadurch, daß dieses Spiel des *encore* sich führt — nicht daß, wenn wir mehr davon wissen, es uns besser führte, doch vielleicht gäbe es besseren Genuß, Einklang des Genusses und seines Endes.

Nun, das Ende des Genusses — das ist es, was uns alles lehrt, was Freud artikuliert von dem, was er unbedacht Partialtriebe nennt — das Ende des Genusses ist auf seiten dessen, worauf er abzielt, nämlich daß wir uns fortpflanzen sollen.

Das *ich* ist nicht ein Sein, es ist ein Unterstelltes dem, das spricht. Was spricht, hat zu tun nur mit der Einsamkeit, auf dem Punkt des Verhältnisses, das ich nur definieren kann, indem ich sage, wie ich es getan habe, daß es sich nicht schreiben kann. Diese Einsamkeit, sie, aus Bruch des Wissens, nicht allein kann sie sich schreiben, sondern sie ist sogar das, was sich schreibt par excellence, denn sie ist das, was von einem Bruch des Seins Spur läßt.

Das ist es, was ich gesagt habe in einem Text gewiß nicht ohne Unvollkommenheiten, den ich *Lituraterre* genannt habe. *Das Gewölk der Sprache* — habe ich mich ausgedrückt metaphorisch — *macht Schrift.* Wer weiß, ob die Tatsache, daß wir diese Rinnsale lesen können, die ich über Sibirien erblickte als metaphorische Spur der Schrift, nicht gebunden ist — *lier* und *lire,* das sind dieselben Buchstaben, haben Sie darauf acht — an etwas, das hinausgeht über den Regeneffekt, wofür es keine Chance gibt,

daß das Tier es lese als solches? Viel eher ist sie gebunden an jene Form von Idealismus, den ich Ihnen eintrichtern möchte — gewiß nicht den, den Berkeley vertritt, lebend in einer Zeit, in der das Subjekt seine Unabhängigkeit erlangt hatte, nicht den, der dafürhält, daß alles, was wir kennen, Vorstellung sei, sondern viel eher diesen Idealismus, der zu dem Unmöglichen gehört, die sexuelle Beziehung anzuschreiben zwischen zwei Körpern unterschiedlichen Geschlechts.
Es ist dadurch, daß sich die Öffnung herstellt, wodurch es die Welt ist, die uns dann zu ihrem Partner macht. Es ist der sprechende Körper, insofern es ihm gelingen kann, sich fortzupflanzen nur dank eines Mißverständnisses seines Genusses. Das heißt sagen, daß er sich fortpflanzt nur dank eines Vermasselns dessen, was er sagen will, denn das, was er sagen will — nämlich, wie es das Französische gut sagt, son sens — das ist sein wirklicher Genuß. Und indem er ihn vermasselt, pflanzt er sich fort — das heißt indem er vögelt.
Das ist gerade das, was er nicht tun will, letzten Endes. Der Beweis ist, daß, wenn man ihn ganz allein läßt, er die ganze Zeit rundum sublimiert, er sieht die Schönheit, das Gute — ohne das Wahre einzurechnen, und noch da, wie ich Ihnen eben gesagt habe, ist er am nächsten dem, worum es sich handelt. Doch was wahr ist, ist, daß der Partner des anderen Geschlechts der Andere bleibt. Indem er also seinen Genuß vermasselt, gelingt es ihm, wieder fortgepflanzt zu werden, ohne etwas zu wissen von 110
dem, was ihn fortpflanzt. Und insbesondere — dies ist in Freud vollkommen spürbar, sicherlich ist das nur ein Gestammel, aber wir können es nicht besser machen — weiß er nicht, ob das, was ihn fortpflanzt, das Leben ist oder der Tod.
Ich muß freilich sagen, was es gibt an Metasprache, und worin sie sich vermischt mit der Spur, hinterlassen von der Sprache. Denn dadurch kehrt das Subjekt wieder bei der Offenbarung des Korrelats der Sprache, das dieses Mehrwissen des Seins ist, und für es seine kleine Chance, zum Anderen zu gehen, zu seinem Sein, von dem, wie ich merken ließ das letzte Mal — das ist der zweite wesentliche Punkt — es nichts wissen will. Leidenschaft der Unwissenheit.
Eben deshalb sind die beiden anderen Leidenschaften jene, die sich nennen die Liebe — die nichts zu tun hat, im Gegensatz zu dem, was die Philosophie zusammengesponnen hat, mit dem Wissen — und der Haß, der ja das ist, was sich am meisten annähert dem Sein, das ich das Ex-sistieren nenne. Nichts konzentriert mehr Haß als dieses Sagen, worin sich situiert die Ex-sistenz.

Die Schrift also ist eine Spur, worin sich liest ein Effekt von Sprache. Das ist, was passiert, wenn Sie was kritzeln.
Auch ich, ich nehme mir das gewiß nicht, denn mit dem bereite ich vor, was ich zu sagen habe. Es ist bemerkenswert, daß es nottue, aus der Schrift sich zu versichern. Das ist freilich nicht die Metasprache, wiewohl man sie eine Funktion erfüllen machen kann, die dem ähnelt. Dieser Effekt bleibt nichtsdestoweniger zweiter in Anbetracht des Anderen, wo die Sprache sich einschreibt als Wahrheit. Denn nichts von dem, was ich an der Tafel Ihnen schreiben könnte an allgemeinen Formeln, die, an dem Punkt, an dem wir damit sind, die Energie binden an die Materie, beispielsweise die letzten Formeln Einsteins, nichts wird halten von all dem, wenn ich es nicht unterhalte durch ein Sagen, das dasjenige der Sprache ist, und durch eine Praxis, die diejenige von Leuten ist, die Order geben im Namen eines bestimmten Wissens.
Ich knüpfe an. Wenn Sie kritzeln und ich auch, dann ist das immer auf einer Seite, und es ist mit Linien, und damit sind wir gleich eingetaucht in die Geschichte der Dimensionen.

2

Was eine Linie schneidet, ist der Punkt. Da der Punkt null Dimension hat, wird die Linie definiert sein, eine zu haben. Da das, was die Linie schneidet, eine Fläche ist, wird die Fläche definiert sein, zwei zu haben. Da das, was die Fläche schneidet, der Raum ist, wird der Raum drei haben.
Da eben gewinnt seinen Wert das kleine Zeichen, das ich an die Tafel geschrieben habe.
Das hat alle Charaktere einer Schrift, das könnte ein Buchstabe sein. Bloß,
da Sie fortlaufend schreiben, kommt es Ihnen nicht in den Sinn, die Linie
zu unterbrechen, ehe sie auf eine andere trifft, um sie drunter durchgehen
111 zu machen, oder vielmehr um anzunehmen, daß sie drunter durchgeht,
denn in der Schrift handelt es sich um etwas ganz anderes als den Raum
mit drei Dimensionen.

Figur 1

Auf dieser Figur, wenn eine Linie geschnitten wird durch eine andere, so heißt das, daß sie unter ihr durchgeht. Was hier geschieht, bloß, daß es nur eine Linie gibt. Aber obwohl es nur eine einzige gibt, unterscheidet sich das von einem einfachen Ring, denn diese Schrift stellt Ihnen die Plättung eines Knotens dar. So ist diese Linie, dieser Faden durchaus etwas anderes als die Linie, die wir eben im Hinblick auf den Raum als einen Schnitt definiert haben und die ein Loch macht, das heißt ein Inneres und ein Äußeres trennt.
Diese neue Linie verkörpert sich nicht so leicht im Raum. Der Beweis ist, daß der ideale Faden, der einfachste, ein Torus wäre. Und man hat sehr lange gebraucht, bis man merkte, dank der Topologie, daß das, was sich einschließt in einem Torus, absolut nichts zu tun hat mit dem, was sich einschließt in einer Blase.
Was immer Sie machen wollen mit der Oberfläche eines Torus, einen Knoten werden Sie nicht machen. Aber dafür, mit dem Ort des Torus, wie dies es Ihnen demonstriert, können Sie einen Knoten machen. Darin, gestatten Sie mir, Ihnen das zu sagen, ist der Torus der Grund, denn das ist es, was den Knoten gestattet.
Eben darin ist das, was ich Ihnen jetzt zeige, was ein verwundener Torus ist, das Bild, so trocken ich es Ihnen geben kann, dessen, was ich neulich erwähnt habe als die Trinität, Eine und Drei aus einem einzigen Wurf.

Figur 2

Es bleibt nichtsdestoweniger, daß, indem wir daraus wieder drei Tori machen, durch das kleine Dings, das ich Ihnen bereits gezeigt habe unter dem Namen Borromäischer Knoten, daß wir werden operieren können
112 auf dem ersten Knoten. Natürlich, es gibt welche, die nicht da waren, als ich letztes Jahr, um den Februar herum, vom Borromäischen Knoten gesprochen habe. Wir wollen heute versuchen, Ihnen die Bedeutung dieser Geschichte spürbar zu machen, und worin sie zu tun hat mit der Schrift, insofern ich diese definiert habe als das, was die Sprache an Spur läßt.

Mit dem Borromäischen Knoten haben wir es zu tun mit dem, was nirgendwo gesehen werden kann, nämlich ein richtiger Fadenring. Stellen Sie sich vor, daß, wenn man einen Faden zieht, man niemals dahin kommt, daß sein Schuß seine beiden Enden aneinanderfügt. Damit Sie einen Fadenring haben, müssen Sie einen Knoten machen, einen Seemannsknoten am besten. Machen wir mit unserem Faden diesen Seemannsknoten.

Voilà. Dank des Seemannsknotens haben wir da, Sie sehen es, einen Fadenring. Wir wollen noch zwei weitere machen. Das Problem, so gestellt von dem Borromäischen Knoten, ist folgendes — wie es machen, wenn Sie Ihre Fadenringe gemacht haben, damit diese drei Fadenringe zusammenhalten, und zwar so, daß, wenn Sie einen durchschneiden, alle drei frei sind?

Drei, das ist noch nichts. Denn das wahre Problem, das allgemeine Problem ist, es so zu machen, daß mit einer beliebigen Anzahl von Fadenringen, wenn Sie einen durchschneiden, alle anderen ohne Ausnahme frei sind, unabhängig.

Figur 3

Hier der Borromäische Knoten — ich habe ihn schon, das letzte Jahr, an die Tafel gebracht. Es ist für Sie leicht zu sehen, daß zwei Fadenringe nicht miteinander verknüpft sind, und das es einzig durch den dritten ist, daß sie sich halten.
Geben Sie gut acht hier — bleiben Sie nicht gefesselt von diesem Bild. Ich werden Ihnen ein anderes Mittel zeigen, das Problem zu lösen.
Hier ein Fadenring. Hier ein anderer. Sie führen den zweiten Ring durch den ersten, und Sie legen ihn um. *Figur 4.*
Es wird folglich genügen, daß in einen dritten Ring Sie den zweiten nehmen, damit die drei verknüpft sind — verknüpft derart, daß es eben genügt, daß Sie einen durchtrennen, damit die beiden anderen frei sind. *Figur 5.*

Figur 4

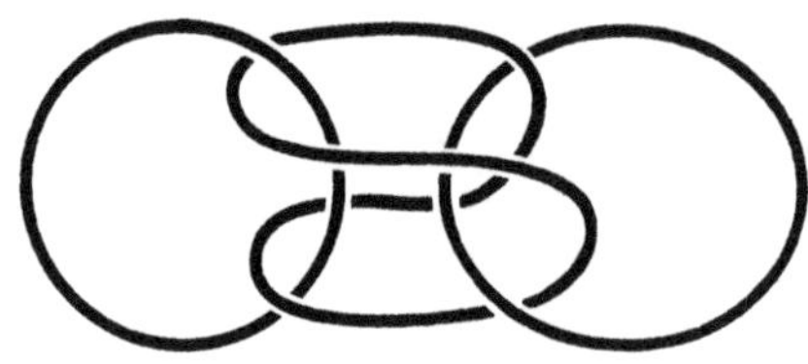

Figur 5

Nach der ersten Umlage könnten Sie mit dem dritten Ring eine neue
Umlage machen und ihn nehmen in einen vierten. Mit vieren wie mit 113
dreien genügt es, einen der Knoten zu zerschneiden, damit alle anderen
frei sind. Sie können davon eine absolut unendliche Zahl ansetzen, das
wird stets wahr sein. Die Lösung ist also absolut allgemein, und die
Auffädelung so lang, wie Sie wollen.
In dieser Kette, welches auch immer ihre Länge sein mag, unterscheiden sich ein erstes und ein letztes von den anderen Kettengliedern — während die mittleren, umgelegten Ringe alle, wie Sie auf der Figur 4 sehen, die Form von Ohren haben, sind die äußersten, ihrerseits, einfache Ringe.
Nichts hindert uns, den ersten und den letzten zusammenzubringen, indem wir den einen umlegen und ihn in den anderen nehmen. Von da an schließt sich die Kette. *Figur 6.*

Figur 6

Die Resorption in einen der beiden äußersten läßt freilich eine Spur — in der Kette der mittleren stehen sich die Fädchen zwei zu zwei gegenüber, während da, wo sie sich verschlauft über den einfachen, einzigen Ring jetzt, vier Fädchen auf jeder Seite gegenüberstehen einem, dem des Kreises.
Diese Spur kann gewiß gelöscht werden — Sie erhalten dann eine homogene Kette aus umgelegten Ringen.

114 3

Warum habe ich damals den Borromäischen Knoten intervenieren gemacht? Das war, um die Formel zu übersetzen *ich bitte dich* — was? — *zurückzuweisen* — was? — *was ich dir biete* — warum? — *denn das ist es nicht* — *das,* Sie wissen, was das ist, das ist das Objekt *a.* Das Objekt *a* ist keinerlei Sein. Das Objekt *a*, das ist das, was an Leere ein Anspruch unterstellt, von dem wir nur dann, wenn wir ihn situieren durch die Metonymie, das heißt durch die reine Kontinuität, gesichert vom Beginn bis zum Ende des Satzes, anschaulich machen können, was sein kann mit einem Begehren, das keinerlei Sein trägt. Ein Begehren ohne andere Substanz als jene, die sich sichert von den Knoten selbst her.
Aussagend diesen Satz, *ich bitte dich zurückzuweisen, was ich dir biete,* habe ich ihn motivieren können nur von diesem *das ist es nicht* her, das ich wiederaufgenommen habe das letzte Mal.

Das ist es nicht will sagen, daß, im Begehren jedes Anspruchs, es nur das Ansuchen um das Objekt *a* gibt, das Objekt, das den Genuß befriedigen solle — welcher dann die *Lustbefriedigung* wäre, unterstellt in dem, was man unpassend im psychoanalytischen Diskurs den Genitaltrieb nennt, jenen, wo sich einschriebe ein Verhältnis, das das volle, anschreibbare Verhältnis wäre des einen mit dem, was irreduzibel das Andere bleibt. Ich habe insistiert auf diesem, daß der Partner dieses *ich,* das das Subjekt ist, Subjekt jedes Anspruchssatzes, nicht der Andere ist, sondern das, was sich ihm dann substituiert in Form der Ursache des Begehrens — die ich geschieden habe in vier, insofern sie sich konstituiert auf verschiedene Weise, zufolge der Freudschen Entdeckung, vom Objekt des Saugens aus, vom Objekt der Ausscheidung, vom Blick und von der Stimme. Es ist als Substitute des Anderen, daß diese Objekte reklamiert sind, und gemacht sind Ursache des Begehrens.

Es scheint, daß das Subjekt sich die unbelebten Objekte repräsentiert in Funktion dieses, daß es keine sexuelle Beziehung gibt. Es gibt nur die sprechenden Körper, habe ich gesagt, die sich eine Idee machen von der Welt als solcher. Die Welt, die Welt des Seins voll von Wissen, das ist nur ein Traum, ein Traum des Körpers, insofern er spricht, denn es gibt kein erkennendes Subjekt. Es gibt Subjekte, die sich Korrelate geben im Objekt *a,* Korrelate genießenden Sprechens als Sprechgenuß. Was keilt dieser anderes denn andere Ein?

Ich habe es Ihnen bemerklich gemacht vorhin, die Bilobulation, die Transformation durch Umlage des Fadenrings in zwei Ohren kann sich herstellen auf streng symmetrische Weise. Das ist sogar das, was geschieht, sobald man ankommt auf dem Niveau von vieren. Nun gut! ebenso ist die Reziprozität zwischen dem Subjekt und dem Objekt *a* total.

Für jedes sprechende Sein ist die Ursache seines Begehrens, bezüglich der Struktur, streng äquivalent, wenn ich so sagen darf, seiner Umlegung, das heißt dem, was ich genannt habe seine Subjektteilung. Das ist es, was uns erklärt, daß, so lange Zeit, das Subjekt hat glauben können, daß die Welt ebensoviel wisse wie es. Die Welt ist symmetrisch zum Subjekt, die Welt 115
dessen, was ich das letzte Mal das Denken genannt habe, ist das Äquivalent, das Spiegelbild, des Denkens. Deshalb ja hat es nichts gegeben als Phantasma bezüglich der Erkenntnis bis zur Heraufkunft der modernsten Wissenschaft.

Dieses Funktionieren im Spiegel ist eben das, was jene Stufenleiter der Sein erlaubt hat, die in einem Sein, genannt höchstes Sein, das Gut von allen unterstellte. Was ebensowohl das Äquivalent dessen ist, daß das Objekt *a*, wie sein Name es andeutet, *a*-geschlechtlich genannt werden kann. Das Andere präsentiert sich für das Subjekt nur unter einer *a*-geschlechtlichen Form. Alles, was der Träger gewesen ist, der Substituts-Träger, das Substitut des Anderen unter der Form des Begehrensobjekts, ist *a*-geschlechtlich.

Darin bleibt das Andere als solches — nicht ohne daß wir hier ein wenig weiter vorankommen könnten — bleibt in der Freudschen Theorie ein Problem, dasjenige, welches sich ausgedrückt hat in der Frage, die Freud wiederholte — *Was will das Weib?* — wobei die Frau diesfalls das Äquivalent der Wahrheit ist. Darin ist diese Äquivalenz, die ich produziert habe, gerechtfertigt.

Klärt Sie das auf über das Interesse, das besteht ausgehend vom Fadenring? Der besagte Ring ist gewiß die herausragendste Darstellung des Ein, in dem Sinne, daß er einschließt nur ein Loch. Das ist übrigens, worin ein richtiger Fadenring sehr schwierig zu fabrizieren ist. Der Fadenring, von dem ich Gebrauch mache, ist sogar mythisch, denn man fabriziert keinen geschlossenen Fadenring.

Aber noch, was daraus machen, aus diesem Borromäischen Knoten? Ich antworte Ihnen, daß er uns dazu dienen kann, uns darzustellen jene so verbreitete Metapher, um das auszudrücken, was den Gebrauch der Sprache auszeichnet — die Kette eben.

Merken wir an, daß, im Gegensatz zu den Fadenringen, Kettenelemente sich schmieden lassen. Es ist nicht sonderlich schwierig, anschaulich zu machen, wie — man biegt Metall bis zu dem Moment, wo es einem gelingt, es zu schweißen. Ohne Zweifel ist das kein einfacher Träger, denn, damit er adäquat den Gebrauch der Sprache darstellen könnte, müßte man in dieser Kette Kettenglieder machen, die sich anhängen würden an ein anderes Kettenglied ein bißchen weiter weg mit zwei oder drei flottierenden Zwischengliedern. Man müßte auch begreifen, warum ein Satz eine begrenzte Dauer hat. Dies, die Metapher kann uns das nicht geben.

Wollen Sie ein Beispiel, das Ihnen zeigt, wozu diese Auffädelung von umgelegten Knoten dienen kann, die wieder unabhängig werden, sowie man einen einzigen davon zerschneidet? Es ist nicht sehr schwierig, eines zu finden, und zwar, nicht für nichts, in der Psychose. Erinnern Sie sich an das, was halluzinatorischerweise die Einsamkeit Schrebers bevölkert — *Nun will ich mich* ... Oder auch — *Sie sollen nämlich* ... Diese abgebrochenen Sätze, die ich Codebotschaften genannt habe, lassen in der

Schwebe ich weiß nicht welche Substanz. Man gewahrt da die Forderung eines Satzes, welcher immer er wäre, die so geartet wäre, daß eines seiner Kettenglieder, indem es fehlt, alle anderen befreit, nämlich ihnen entzieht das Ein.

Ist das nicht da der beste Träger, den wir geben können von dem, 116
wodurch vorgeht die mathematische Sprache?

Das Eigentümliche der mathematischen Sprache, ist sie erst einmal hinlänglich festgelegt im Hinblick auf ihre Erfordernisse reiner Demonstration, ist, daß all das, was sich davon vorbringen läßt, nicht so sehr im gesprochenen Kommentar als in der Handhabung selbst der Buchstaben, unterstellt, daß es genügt, daß einer nicht halte, damit all die anderen nicht allein nichts Gültiges konstituieren durch ihre Anlage, sondern sich zerstreuen. Darin ist der Borromäische Knoten die beste Metapher dessen, daß wir vorgehen nur vom Ein.

Das Ein erzeugt die Wissenschaft. Nicht im Sinne der Eins des Maßes. Es ist nicht das, was gemessen wird in der Wissenschaft, im Gegensatz zu dem, was man glaubt, was das Wichtige ist. Was die moderne Wissenschaft unterscheidet von der antiken Wissenschaft, die sich gründet aus der Reziprozität zwischen dem νοῦς und der Welt, zwischen dem, was denkt, und dem, was gedacht ist, das ist justament die Funktion des Ein. Des Ein, insofern es da ist, können wir unterstellen, allein um die Einsamkeit zu repräsentieren — die Tatsache, daß das Ein sich nicht wirklich verknüpft mit etwas von dem, was beim Anderen geschlechtlich scheint. Ganz im Gegensatz zur Kette, von der die Ein alle auf dieselbe Weise gemacht sind, weil sie nichts anderes sind als aus Ein.

Wenn ich gesagt habe — *'S gibt Ein*, wenn ich darauf insistiert habe, wenn ich wahrhaftig das breitgetreten habe wie ein Elephant während des ganzen letzten Jahres, sehen Sie, zu was ich Sie einführte.

Wie von da aus situieren die Funktion des Anderen? Wie, wenn, bis zu einem gewissen Punkt, es einfach von den Knoten des Ein her ist, daß sich trägt, was von aller Sprache bleibt, wenn Sie sich schreibt, wie eine Differenz setzen? Denn es ist klar, daß das Andere sich nicht addiert zu dem Ein. Das Andere differenziert sich daraus nur. Wenn es etwas gibt, wodurch es teilhat an dem Ein, dann ist das nicht, sich zu addieren. Denn das Andere — wie ich es gesagt habe bereits, aber es ist nicht sicher, daß Sie es vernommen haben — das ist das Ein-weniger.

Es ist darum, daß, in jedem Verhältnis des Mannes mit einer Frau — derjenigen, die in Frage steht — es unter dem Winkel des Eine-weniger ist, daß sie genommen werden muß. Ich hatte Ihnen das bereits angedeutet im Zusammenhang mit Don Juan, aber, wohlverstanden, es gibt nur eine einzige Person, die das bemerkt hat, meine Tochter nämlich.

4

Es genügt nicht, eine allgemeine Lösung gefunden zu haben beim Problem der Borromäischen Knoten für eine unendliche Anzahl von Borromäischen Knoten. Wir müßten das Mittel haben zu zeigen, daß das die einzige Lösung ist.

Nun, wir sind an dem, daß, bis zum heutigen Tag, es keinerlei Theorie der
Knoten gibt, Auf die Knoten läßt sich bis zum heutigen Tag keinerlei
mathematische Formalisierung anwenden, die erlaubte, außerhalb einiger
117 kleiner Fertigungen wie denen, die ich Ihnen gezeigt habe, vorherzuse-
hen, daß eine Lösung wie die, die ich gerade gegeben habe, nicht einfach
ex-sistent ist, sondern nezessär, daß sie nicht zessiert — wie ich das
Nezessäre definiere — sich zu schreiben. Ich werde Ihnen das gleich
zeigen. Es genügt, daß ich Ihnen dieses mache.

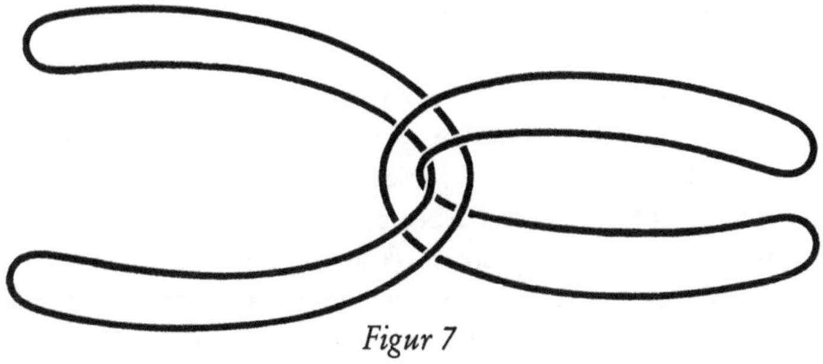

Figur 7

Ich habe jetzt zwei dieser Ringe den einen in den anderen gegeben in einer Weise, daß sie hier durchaus nicht jene Umlegung machen, die ich Ihnen vorhin gezeigt habe, sondern einfach einen Seemannsknoten. Sie sehen sofort, daß, ohne jede Schwierigkeit, ich, von der einen Seite oder von der anderen, die Operation fortsetzen kann, indem ich soviele Seemannsknoten mache wie ich will, mit allen Fadenringen der Welt.

Ich kann hier wieder die Kette schließen, also ihren Elementen die Trennbarkeit nehmen, die sie bis dahin bewahrt haben. Ich gebe einen dritten Ring durch, der die beiden Enden der Kette zusammenfügt.

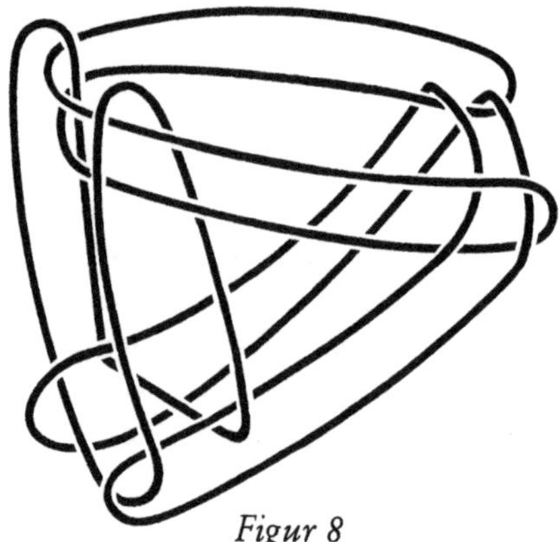

Figur 8

Hier ohne jeden Zweifel eine Lösung, ebenso gültig wie die erste. Der Knoten genießt der Borromäischen Eigenschaft — daß ich irgendeinen von den Ringen durchtrenne, die ich so angelegt haben werde, und alle anderen im selben Schnitt frei sein werden.

Keiner der Ringe ist hier von einem Typ, unterschieden von den anderen. 118
Es gibt hier keinerlei privilegierten Punkt, und die Kette ist streng homogen. Sie spüren wohl, daß es hier keinerlei topologische Analogie gibt zwischen den beiden Weisen, Fadenringe zu knüpfen, die ich Ihnen gezeigt habe. Es gibt hier, mit den Seemannsknoten, eine Topologie, die wir eine der Torsion nennen könnten im Verhältnis zur vorigen, die einfach eine der Flexion wäre. Aber es wäre nicht widersprüchlich, die umgelegten Ringe in einen Seemannsknoten zu nehmen.

Von da aus, Sie sehen, daß die Frage sich stellt, wie eine Grenze setzen den Lösungen des Borromäischen Problems. Ich lasse die Frage offen.

Es handelt sich für uns, Sie haben das begriffen, darum, das Modell der mathematischen Formalisierung zu bekommen. Die Formalisierung ist nichts anderes als die Einsetzung, für irgendeine Anzahl von Einsen, dessen, was man einen Buchstaben nennt. Denn, daß Sie schreiben können,

daß die Trägheit $\frac{mv^2}{2}$ ist, was will das besagen? — wenn nicht, daß, welches auch immer die Anzahl von Einsen sei, die Sie unter jeden von diesen Buchstaben setzen mögen, Sie unterworfen sind einer gewissen Anzahl von Gesetzen, Gruppengesetzen, Addition, Multiplikation usw.

Dies die Fragen, die ich öffne, die gemacht sind, um Ihnen anzukündigen, was ich hoffe, Ihnen übermitteln zu können bezüglich dessen, was sich schreibt.

Das, was sich schreibt, in summa, was wäre das? Die Bedingungen des Genusses. Und das, was sich zählt, was wäre das? Die Residuen des Genusses. Denn dieses *a*-Geschlechtliche, ist es nicht so, wenn man es zusammenfügt mit dem, was sie hat an Mehrgenuß, seiend das Andere — nicht genannt werden könnend denn Andere — daß die Frau es bietet dem Mann als das Objekt *a*?

Der Mann glaubt zu schöpfen — er glaubt-glaubt-glaubt, er schöpft-schöpft-schöpft. Er schöpft-schöpft-schöpft die Frau. In Wirklichkeit setzt er sie an die Arbeit, und zwar an die Arbeit des Ein. Und es ist eben darin, daß dieses Andere, dieses Andere, sofern sich hier einschreibt die Artikulation der Sprache, das heißt die Wahrheit, das Andere gebarrt werden muß, gebarrt von dem, was ich qualifiziert habe vorhin als das Ein-weniger. Das S (Ⱥ), das ist es, was das besagen will. Darin kommen wir dahin, die Frage zu stellen, aus dem Ein etwas zu machen, das sich hielte, das heißt das sich zählt, ohne zu sein.

Die Mathematisierung allein reicht an ein Reales — und darin ist sie kompatibel mit unserem Diskurs, dem analytischen Diskurs — ein Reales, das nichts zu tun hat mit dem, was von der traditionellen Erkenntnis getragen worden ist, und was nicht das ist, was diese glaubt, Realität, sondern eben Phantasma.

Das Reale, würde ich sagen, das ist das Geheimnis des sprechenden Körpers, das ist das Geheimnis des Unbewußten.

15. Mai 1973

119 ANTWORTEN

Ich transkribiere hier die Antworten von Jacques Lacan auf einige Fragen, die ich ihm stellte während der Herstellung des Textes dieser Vorlesung. (J.A.M.)

Es ist bemerkenswert, daß eine so einfache Figur wie die des Borromäischen Knotens nicht als Ausgang gedient haben soll für — eine Topologie.

Es gibt in der Tat mehrere Weisen, den Raum anzugehen.

Die Verhaftung durch den Begriff der Dimension, das heißt durch den Schnitt, ist die Charakterologie einer Technik der Säge. Sie wird sich dann reflektieren auf den Begriff des Punktes, von dem es alles sagen heißt, daß das heißt, mit der Eins zu qualifizieren das, was, man sagt das klar, null Dimension hat, das heißt das, was nicht existiert.
Geht man hingegen aus von Fadenringen, resultiert daraus eine Keilung, daraus, daß es die Kreuzung zweier Kontinuitäten ist, die eine dritte arretiert. Spürt man nicht, daß diese Keilung das Ausgangsphänomen einer Topologie konstituieren könnte?
Eben da ist ein Phänomen, das für sich hat, in keinem Punkt lokalisierbar zu sein. Betrachten Sie nur den Borromäischen Knoten — es springt in die Augen, daß man numerieren kann drei Gegenden, dieses Wort in Anführungszeichen, wo die Ringe, die den Knoten machen, dann sich verkeilen können.

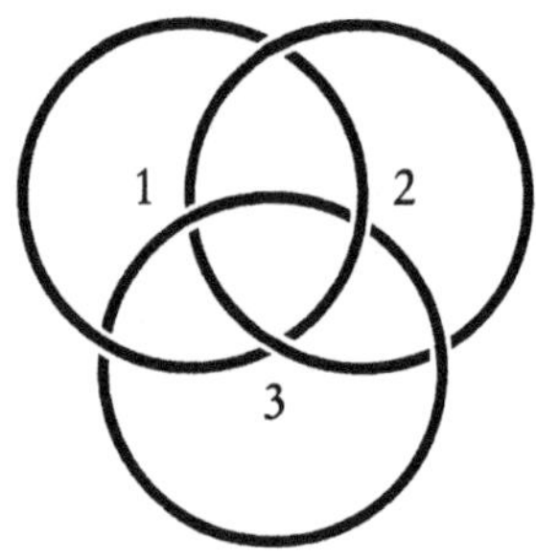

Figur 9

Dies setzt voraus in jedem Fall, daß die beiden anderen Gegenden dann sich in ihm resümieren. Heißt das, daß es *davon gibt* nur eine? Gewiß nicht. Ein dreifacher Punkt, wenngleich der Ausdruck sich verwenden läßt, vermöchte in keiner Weise dem Begriff Punkt zu genügen. Dieser Punkt ist hier nicht gemacht aus der Konvergenz dreier Linien. Wäre es auch nur aufgrund der Tatsache, daß es zwei differente gibt — einen rechten und einen linken.
Ich bin erstaunt, was mich betrifft, daß es durchaus ausgemacht erscheinen soll, daß wir, durch eine sogenannte informative Botschaft, nicht gelangen lassen können zu dem von der Sprache unterstellten Subjekt den Begriff von rechts und von links. Man erkennt sicher, daß ihr Unterschied, wir können ihn gewiß kommunizieren, doch ausgehend von da, 120
wie sie spezifizieren? Das scheint mir, im Gegensatz zu einer gewissen Argumentation, durchaus möglich, und zwar justament durch das Diktat

einer Plättung, welche ganz und gar begreifbar ist ausgehend von der Erfahrung des Knotens, wenn der Knoten eben, wie ich es denke, ein logisches Faktum ist.
Die Plättung, beachten Sie das, ist etwas anderes als die Fläche.
Sie unterstellt eine ganz andere dit-mension als die Kontinuität, implizit dem Raum. Und eben deshalb mache ich Gebrauch von jener Schreibung des Wortes, die darin besteht, damit zu bezeichnen die mension du dit. Was allein lalangue, die ich spreche, erlaubt — was aber nicht gemacht ist, damit ich, ich, mich dessen beraube, insofern als ich spreche. Ganz im Gegenteil, in Anbetracht dessen, was ich davon denke — wenn ich so sagen darf.
Anders gesagt, das Wichtige ist nicht, daß es drei Dimensionen geben soll im Raum. Das Wichtige ist der Borromäische Knoten, und das, für was wir zugehen zum Realen, das er uns repräsentiert.
Die Illusion, daß wir nichts übermitteln können an transplanetarische Sein über die Spezifität von rechts und von links, hat mir stets glücklich geschienen, insofern sie die Unterscheidung gründet des Imaginären und des Symbolischen.
Allerdings, rechts und links haben nichts zu tun mit dem, was wir davon apprehendieren ästhetisch, was besagen will — in der Beziehung, die unser Körper gründet — von seinen offensichtlichen *zwei* Seiten her.
Was der Borromäische Knoten *demonstriert*, ist nicht, daß er gemacht sei aus einem Fadenring, von dem es ausreichen soll, daß ein anderer Ring sich aus ihm umlege wie zwei Ohren, damit ein dritter, seine beiden Schlaufen verknüpfend, wegen des ersten Rings sich nicht davon abschlaufen könne — es ist, daß von diesen drei Ringen gleichgültig welche funktionieren können als erster und letzter, wobei der dritte hier folglich funktioniert als mittlerer, das heißt als umgelegte Ohren — siehe die Figuren 4 und 5.
Ausgehend von da leitet sich ab, daß, welches auch immer die Anzahl von mittleren sei, das heißt von doppelten Ohren, gleichgültig welche dieser mittleren funktionieren können als erster und letzter, wobei die anderen sie koppeln aus ihrer Unendlichkeit von Ohren.
Welche Ohren folglich gemacht sind nicht aus einer Gegenüberstellung 1–2, 2–1, sondern, im Intervall dieser beiden da, aus einer Gegenüberstellung 2–2, wiederholt soviele Male, wie es Ringe gibt weniger drei, nämlich der Anzahl von Ringen des Borromäischen Knotens.
Nichtsdestoweniger ist es klar, daß, indem das privilegierte Band des ersten Ringes zum zweiten und des vorletzten zum letzten weiterhin

gültig ist, die Einführung des ersten und des letzten in das zentrale Kettenglied hier einzigartige Verwicklungen nach sich zieht.

Man kann, indem man sich davon dispensiert, indessen die anfängliche Disposition wiederfinden.

Die Knoten in ihrer Kompliziertheit sind wohl gemacht, um uns relativieren zu lassen die vorgeblichen drei Dimensionen des Raumes, allein 121
gegründet auf die Übersetzung, die wir machen von unserem Körper in ein Festvolumen.

Nicht daß er sich nicht dazu hergibt anatomisch. Aber eben da ist die ganze Frage der notwendigen Revision — nämlich dessen, warum er diese Form annimmt — offenkundig, das heißt für unseren Blick.

Ich zeige hier an, wodurch die Mathematik der Keilung eintreten könnte, das heißt des Knotens.

Nehmen wir einen Würfel und zerlegen wir ihn in acht, 2^3, kleine Würfel, regelmäßig gestapelt, wobei jeder die halbe Seitenlänge des ersten Würfels hat.

Nehmen wir die beiden kleinen Würfel weg, so gewählt, daß sie als Spitzen zwei der diametral entgegengesetzten Spitzen des großen Würfels haben.

Es gibt von da an zwei Weisen, und nur zwei, durch eine gemeinsame Fläche die übrigen sechs kleinen Würfel zusammenzufügen.

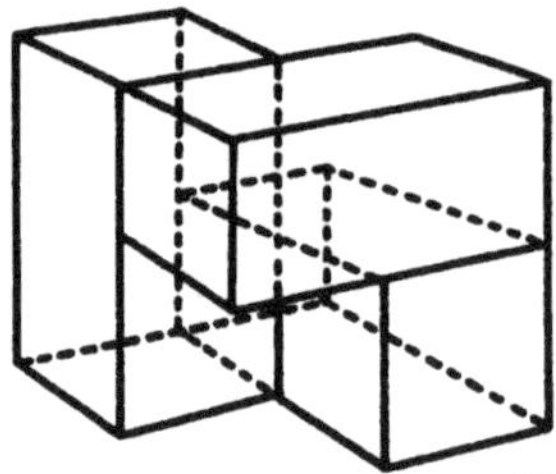

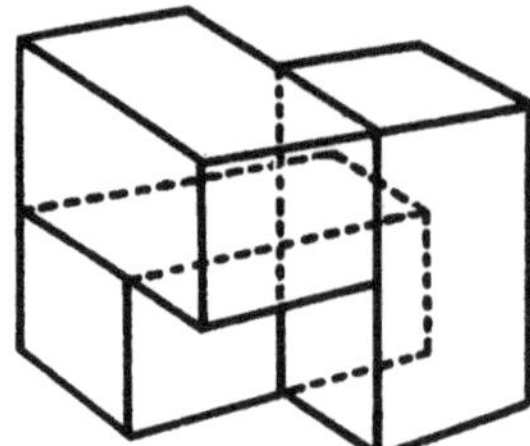

Figuren 10 und 11

Diese beiden Weisen definieren zwei verschiedene Dispositionen, drei volle Achsen zu koppeln gemäß, sagen wir, den drei Richtungen des Raumes, die unterschieden werden justament von den cartesianischen Koordinaten.

Für jede dieser drei Achsen erlauben die beiden leeren, nämlich als erstes entfernten, Würfel in eindeutiger Weise die Biegung zu definieren, die wir ihnen auferlegen können.

Figuren 12 und 13

122 Sie ist jene, die gefordert ist von der Keilung im Borromäischen Knoten.

Aber es gibt mehr. Wir können den Wegfall des Privilegs fordern, das die Existenz des ersten und des letzten Kreises — wobei jedweder diese Rolle spielen kann — bildet im Borromäischen Knoten, nämlich: daß dieser erste und dieser letzte in besagtem Knoten konstituiert seien von einer Rückumlage von gleicher Struktur wie das zentrale Kettenglied — anders gesagt, daß das Band 2–2 hier eindeutig sei. Das ist die Figur 8.

Das Unentwirrbare, das daraus resultiert für jeden Versuch der Plättung, wird glücklich kontrastieren der Eleganz der Plätte der ursprünglichen Darstellung. Und doch, Sie werden feststellen, daß nichts leichter ist als hier von neuem zwei Ringe zu isolieren, in der gleichen sogenannten Position des ersten und des letzten im ursprünglichen Knoten. Wobei diesmal gleich welcher dem genügt in absoluter Weise, weil das Privileg verschwunden ist, das, ich sagte es, so stark die Disposition der vermittelnden Kettenglieder kompliziert, wenn es sich um den ursprünglichen Borromäischen Knoten handelt, jedoch gebracht auf eine Zahl von mehr als vier.

Diese Kettenglieder sind in der Tat in diesem Fall nicht mehr gemacht aus der einfachen Umlegung eines Ringes, desjenigen, den wir verbildlichten als zwei Ohren, sondern aus einer Umlegung derart, daß 4 Fädchen des verbundenen Kettengliedes gefaßt sind durch die Ringe, die wir isoliert haben durch die Termini des ersten und des letzten, doch nicht in äquivalenter Weise, da der eine von diesen beiden sie einfach nimmt, der andere, von dieser Tatsache her definierbar als verschieden, diese 4 Fädchen einzwängt mit einer doppelten Schlaufe.

Wobei überall, im zentralen Kettenglied, die 4 Fädchen eine gewisse Anzahl von typischen und zu Variationen fähigen Überkreuzungen erlauben.
Kurz, diese Kettenglieder sind von einer Länge, die viermal geringer ist als die der äußersten Ringe.
Ich schließe daraus, daß der Raum nicht anschaulich ist. Er ist mathematisch — was alle Welt lesen kann aus der Geschichte der Mathematik selbst.
Dies will besagen, daß der Raum zu zählen weiß, nicht sehr viel weiter als wir — und mit Grund — denn das geht nur bis sechs, nicht mal sieben. Eben darum hat Jahwe sich ausgezeichnet durch seine Fuchtel der Woche.
Schon richtig, daß die populäre Zifferung bis 10 ziffert, aber das ist, weil sie an den Fingern zählt. Sie hat seither davon ablassen müssen, mit der 0, das heißt, daß sie unrecht hat — man darf an nichts zählen, das zum sichtbaren Körper gehört, noch zur tierischen Motorik. Das Amüsante ist, daß die Wissenschaft sich davon zunächst nur gelöst hat zum Preis eines Systems 6 x 10, nämlich eines sexagesimalen — siehe die Babylonier.
Um zurückzukommen zum Raum, er scheint eben Teil zu machen des Unbewußten — strukturiert wie eine Sprache.
Und wenn er zählt bis sechs, so weil er die Zwei nicht wiederfinden kann als durch die Drei der Offenbarung.
Ein Wort noch — man braucht nichts zu erfinden. Das ist es, was uns die
Offenbarung des Unbewußten lehrt. Aber nichts zu machen — es ist die
Erfindung, die uns juckt. Denn was es braucht, ist, uns abzuwenden vom 123
Realen, und von dem, was die Präsenz der Zahl bedeutet.
Ein Wort, um zu enden. Man hat bemerken können, daß die Homogenisierung der *äußersten* Kettenglieder nicht dasselbe ist wie ihre Verbin-

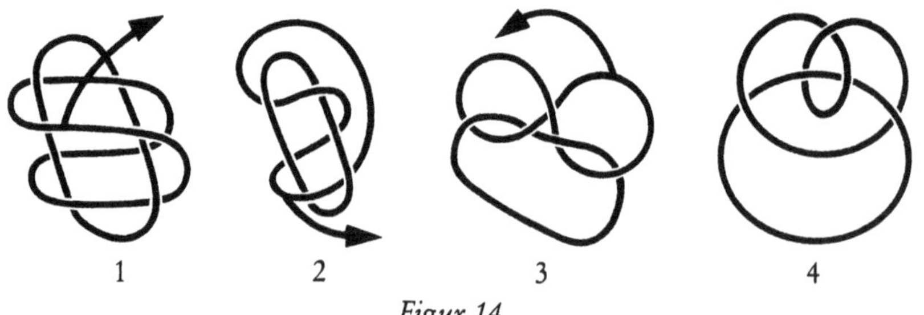

Figur 14

dung Stück für Stück, welche eigentümlicherweise nicht mehr Wirkung hat auf die Kette als jene unabhängig zu lassen, bis auf die Anzahl der Kettenglieder, die sie reduziert um eines.
Welches Resultat also erwarten von der ursprünglichen Kette mit drei Kettengliedern, wenn man auch auf ihr operiert? Ihre Reduktion auf zwei Kettenglieder, wovon klar ist, daß ihr Bruch resultieren wird sicherlich aus der Durchtrennung irgendeines.
Doch welches wird ihre Einrollung sein?
Sie wird die eines einfachen Kettenringes und einer Innenacht sein, jener, mit der wir das Subjekt symbolisieren — indem sie von da gestattet, in dem einfachen Kettenring, der sich übrigens unterkehrt mit der Acht, das Zeichen des Objekts *a* zu erkennen — nämlich der Ursache, wodurch das Subjekt sich identifiziert mit seinem Begehren.

22. Oktober 1973

125 XI

DIE RATTE IM LABYRINTH

Die Sprache ist eine mühselige Ausarbeitung von Wissen über lalangue
Die Einheit des Körpers
Die Lacansche Hypothese
Die Liebe, von der Kontingenz zur Nezessität

Dank jemand, der auszubürsten beliebt, was ich Ihnen erzähle, habe ich, vor vier oder fünf Tagen, meine Nase gerieben bekommen, in meine Vorträge von diesem Jahr.

Unter diesem Titel *Encore* war ich nicht sicher, ich gestehe es, stets in dem Feld zu sein, das ich freigeräumt habe während zwanzig Jahren, denn was das besagte, das war, daß das noch lange dauern konnte. Beim Wiederlesen der ersten Transkription dieses Seminars habe ich gefunden, daß es so schlecht nicht war, und zwar insbesondere, daß ich ausgegangen bin von jener Formel, die mir ein wenig dünn schien, daß das Genießen des Anderen nicht das Zeichen der Liebe ist. Das war ein Start, auf den ich vielleicht zurückkommen könnte heute, indem ich schließe, was ich da öffnete.

Ich habe ein wenig von der Liebe gesprochen. Aber der Angelpunkt, der Schlüssel von dem, was ich vorgebracht habe dieses Jahr, betrifft das, was es mit dem Wissen auf sich hat, an dem ich betont habe, daß seine Übung repräsentieren könne nur ein Genießen. Und eben dazu möchte ich heute beitragen durch eine Reflexion auf das, was sich tut an Umhertasten im wissenschaftlichen Diskurs hinsichtlich dessen, was sich produzieren kann an Wissen.

1

Ich gehe geradeaus auf das, worum es sich handelt — das Wissen, das ist ein Rätsel.

Dieses Rätsel ist uns vergegenwärtigt durch das Unbewußte, so wie es sich enthüllt hat durch den analytischen Diskurs. Es läßt sich so aussprechen — für das sprechende Sein ist das Wissen das, was sich artikuliert. Man hätte das bemerken können seit einer guten Weile schon, denn indem man die Wege des Wissens zog, tat man nichts als Dinge zu artikulieren und, 126
während langer Zeit, sie zu zentrieren auf das Sein. Nur, es ist evident, daß nichts ist, es sei denn in dem Maße, in dem es sich sagt, daß es ist. S_2 heiße ich das. Man muß das zu hören wissen — est-ce bien *d'eux,* daß es spricht? Es wird allgemein gesagt, daß die Sprache zur Kommunikation dient. Kommunikation über was, muß man sich fragen, über welche *eux?* Die Kommunikation impliziert die Referenz. Allein, eines ist klar, die Sprache ist nur das, was der wissenschaftliche Diskurs ausarbeitet, um Rechenschaft zu geben von dem, was ich lalangue nenne.

Lalangue dient ganz anderen Dingen als der Kommunikation. Es ist das, was die Erfahrung des Unbewußten uns gezeigt hat, insofern es gemacht ist aus lalangue, jener lalangue, die ich, wie Sie wissen, in einem einzigen Wort schreibe, um zu bezeichnen, was unser jeder Affäre ist, sogenannte lalangue maternelle, und nicht für nichts so genannt.

Wenn sich die Kommunikation dem annähert, was tatsächlich geübt wird im Genuß von lalangue, so ist es, weil sie die Replik impliziert, anders gesagt den Dialog. Aber dient lalangue zuerst dem Dialog? Wie ich es früher auseinandergesetzt habe, ist nichts weniger sicher.

Ich habe vor kurzem ein wichtiges Buch in der Hand gehabt von einem gewissen Bateson, über den man mir die Ohren vollgeschwatzt hatte, genug, um mich ein wenig zu reizen. Ich muß sagen, daß mir das von jemand kam, der gestreift worden war von der Gnade eines gewissen Textes von mir, den er in seine Sprache übersetzt hatte unter Beifügung einiger Kommentare, und der geglaubt hatte, in dem fraglichen Bateson etwas zu finden, das spürbar weiter ging als *das Unbewußte strukturiert wie eine Sprache.*

Nun, vom Unbewußten hat Bateson, weil er nicht weiß, daß es strukturiert ist wie eine Sprache, in der Tat eine nur recht mittelmäßige Vorstellung. Indessen schmiedet er recht hübsche Kunstwerke, die er *Metaloge* nennt. Das ist nicht übel, weil nämlich diese Metaloge, wenn man ihm glauben soll, irgendeinen inneren, dialektischen, Fortschritt mit sich bringen sollen, indem sie sich nur produzieren, wenn man nach der Entwicklung des Sinns eines Ausdrucks fragt. Wie stets der Fall war in alledem, was sich als Dialog betitelt hat, geht es darum, sagen zu lassen durch den angenommenen Unterredner, was die Frage selbst des Sprechers motiviert, das heißt darum, im anderen die Antwort zu inkarnieren, die bereits da ist. Worin der Dialog, der klassische Dialog, dessen schönstes Beispiel vorgestellt wird durch das Platonsche Vermächtnis, sich erweist, kein Dialog zu sein.

Wenn ich gesagt habe, daß die Sprache das ist, als was das Unbewußte strukturiert ist, so eben deshalb, weil, die Sprache, zunächst, das existiert nicht. Die Sprache ist das, was man zu wissen versucht bezüglich der Funktion von lalangue.

Sicher, gerade so geht der wissenschaftliche Diskurs selbst an sie heran, bloß daß es für ihn schwierig ist, dies voll zu realisieren, denn er verkennt das Unbewußte. Das Unbewußte ist das Zeugnis eines Wissens, insofern als zu einem großen Teil es dem sprechenden Sein entgeht. Dieses Sein
127 gibt die Gelegenheit, sich gewahr zu werden, wie weit die Effekte von lalangue reichen, dadurch, daß es Affekte aller Art präsentiert, die rätselhaft bleiben. Diese Affekte sind das, was aus der Präsenz von lalangue resultiert, insofern, da sie weiß, sie Dinge artikuliert, die viel weiter gehen als das, was das sprechende Sein trägt an ausgesagtem Wissen.

Die Sprache ohne Zweifel ist gemacht aus lalangue. Das ist eine mühselige Ausarbeitung von Wissen über lalangue. Aber das Unbewußte ist ein Wissen, ein savoir-faire mit lalangue. Und das, was man zu tun weiß mit lalangue, geht um vieles über das hinaus, wovon man Rechenschaft geben kann im Namen der Sprache.

Lalangue affiziert uns zunächst durch alles das, was sie mit sich bringt als Effekte, die Affekte sind. Wenn man sagen kann, daß das Unbewußte strukturiert ist als eine Sprache, so ist es darin, daß die Effekte von lalangue, schon da als Wissen, weit über alles hinausgehen, was das Sein, das spricht, fähig ist auszusagen.

Es ist darin, daß das Unbewußte, sofern ich es hier stützte aus seiner Entzifferung, sich nur strukturieren kann wie eine Sprache, eine Sprache stets hypothetisch hinsichtlich dessen, was sie trägt, nämlich lalangue. Lalangue, das ist das, was es mir erlaubt hat eben, aus meinem S_2 eine Frage zu machen und zu fragen — est-ce bien *d'eux,* worum es in der Sprache geht?

Anders gesagt, daß die Sprache nicht bloß Kommunikation ist, diese Tatsache drängt sich auf durch den analytischen Diskurs. Indem das verkannt worden ist, tauchte in den tiefsten Gründen der Wissenschaft jene Grimasse auf, die darin besteht zu fragen, wie das Sein wissen kann was auch immer. Das wird heute der Angelpunkt sein meiner Frage über das Wissen.

2

Wie kann das Sein wissen? Es ist komisch zu sehen, wie solches Fragen darauf aus ist, sich zu befriedigen. Da nämlich die Grenze, wie ich sie gesetzt habe, gebildet wird von dem, daß es Sein gibt, die sprechen, fragt man sich, was wohl das Wissen derer sein kann, die nicht sprechen. Man fragt sich das. Man weiß nicht, warum man es sich fragt. Aber man fragt es sich trotzdem, und man macht für Ratten ein kleines Labyrinth.

Man hofft damit, auf dem Wege dessen zu sein, was das ist, ein Wissen. Man glaubt, daß die Ratte zeigen wird, welche Fähigkeiten sie hat zu lernen. *A-prendre* bei was? — bei dem, was sie interessiert, sicher. Und was, nimmt man an, interessiert sie, diese Ratte?

Man nimmt sie nicht, diese Ratte, als Sein, sondern kurz und gut als Körper, was unterstellt, daß man sie ansieht als Einheit, als rättische Einheit. Aber, dieses Sein der Ratte, was stützt es dann? Man fragt sich das absolut nicht. Oder eher, man identifiziert ihr Sein und ihren Körper.

Seit jeher stellte man sich vor, daß das Sein eine Art Fülle enthalten müsse, die ihm eigen sei. Das Sein, das ist ein Körper. Von da eben war man, in der ersten Näherung des Seins, ausgegangen und man hatte peinlichst 128
herausgearbeitet eine ganze Hierarchie von Körpern. Man war ausgegangen alles in allem von diesem Begriff, daß ein jeder wohl wisse, was ihn am Sein halte, und daß dies sein Gut sein müsse, nämlich das, was ihm Vergnügen bereite.

Welche Veränderung ist also geschehen im Diskurs, daß man mit einem Mal dieses Sein befragt über das Mittel, das es besitzen soll, über sich hinauszugehen, das heißt mehr zu lernen, als es braucht in seinem Sein, um zu überleben als Körper?

Das Labyrinth läuft nicht allein auf die Nahrung hinaus, sondern auf einen Knopf oder eine Klappe, deren Trick das supponierte Subjekt dieses Seins finden muß, um an seine Nahrung heranzukommen. Oder auch, es handelt sich um das Wiedererkennen einer Markierung, einer Leucht- oder Farbmarkierung, auf die das Sein zu reagieren fähig ist. Was wichtig ist, das ist, daß man die Frage des Wissens transformiert in die eines Lernens. Wenn, nach einer Reihe von Versuchen und Irrtümern — *trials and errors,* man hat die Chose auf Englisch gelassen, angesichts derjenigen, die nun einmal diesen Weg bezüglich des Wissens gebahnt haben — deren Anzahl hinreichend abnimmt, registriert man, daß die rättische Einheit fähig ist, etwas zu lernen.

Die Frage, die erst in zweiter Linie gestellt wird und die die ist, die mich interessiert, ist, herauszufinden, ob die rättische Einheit lernen wird zu lernen. Da liegt die wahre Triebfeder des Experiments. Wird, wenn sie einmal eine dieser Proben bestanden hat, eine Ratte, vor eine Probe derselben Ordnung gestellt, schneller lernen? Was sich leicht materialisiert in einer Abnahme der Zahl von Versuchen, die notwendig sind, damit sie weiß, wie sie sich zu verhalten hat in einer solchen Montage — nennen wir Montage das Ganze des Labyrinths und der Klappen und Knöpfe, die funktionieren in dem Fall.

Die Frage ist so wenig gestellt worden, obschon sie gestellt worden ist, daß man nicht einmal daran gedacht hat, den Unterschied zu befragen, den es gibt, je nachdem ob das Thema, das man der Ratte vorschlägt, um ihre Fähigkeiten zu lernen zu demonstrieren, derselben Quelle entspringt oder zwei verschiedenen Quellen, je nachdem ob derjenige, der die Ratte zu lernen lehrt, derselbe Experimentator ist oder nicht. Nun, dieser Experimentator, er ist es, der bei dieser Geschichte etwas weiß, und eben mit dem, was er weiß, erfindet er die Montage des Labyrinths, der Knöpfe und Klappen. Wäre er nicht jemand, für den das Verhältnis zum Wissen gegründet ist auf ein Verhältnis zu lalangue, auf das Bewohnen von lalangue, oder das Zusammenwohnen mit, gäbe es diese Montage nicht.

Alles, was die rättische Einheit lernt bei dieser Gelegenheit, ist, ein Zeichen zu geben, ein Zeichen von ihrer Gegenwart als Einheit. Die Klappe wird erkannt nur durch ein Zeichen, und der Druck der Pfote auf dieses Zeichen ist ein Zeichen. Es geschieht stets durch Zeichengeben, daß die Einheit herangeht an das, woraus man schließt, daß es Lernen gibt. Aber dieses Verhältnis zu den Zeichen ist eines von Äußerlichkeit. Nichts bestätigt, daß es bei der Ratte Erfassen geben könne des Mechanismus, auf den das Drücken des Knopfs hinausläuft. Deswegen wäre der einzige
129 Punkt, der zählt, zu wissen, ob der Experimentator feststellt, daß die Ratte nicht nur den Trick herausgefunden hat, sondern daß sie gelernt hat, in welcher Weise ein Mechanismus sich erfassen läßt, daß sie gelernt hat, was das ist, *à-prendre.* Das Experiment des Labyrinths, wenn wir berücksichtigen, was es mit dem unbewußten Wissen auf sich hat, muß unfehlbar

befragt werden auf den Punkt hin, wie die rättische Einheit antwortet auf das, was durch den Experimentator ausgeklügelt worden ist nicht ausgehend von nichts, sondern ausgehend von lalangue.
Man erfindet nicht gleichgültig welche labyrinthische Anordnung, und daß das von einem und demselben Experimentator ausgeht oder von zwei verschiedenen Experimentatoren, das verdient befragt zu werden. Aber nichts von dem, was ich bis jetzt dieser Literatur entnehmen konnte, zeigt an, daß die Frage in dieser Richtung gestellt worden wäre.
Dieses Beispiel läßt also völlig unberührt, und getrennt, die Frage, was es auf sich hat mit dem Wissen, und die Frage, was es auf sich hat mit dem Lernen. Was es auf sich hat mit dem Wissen, das ist eine andere Frage, nämlich die, wie es sich lehrt.

3

Es ist aus dem Begriff eines Wissens, das sich übermittelt, das sich integral übermittelt, daß sich im Wissen jene Aussiebung produziert hat, dank welcher ein Diskurs, der sich der wissenschaftliche nennt, sich konstituiert hat.
Er hat sich konstituiert nicht ohne zahlreiche Mesaventüren. *Hypotheses non fingo,* glaubt Newton sagen zu können, *ich supponiere nichts.* Es ist aber gerade über eine Hypothese, daß die berühmte Revolution, die mitnichten die Kopernikanische, sondern die Newtonsche ist, sich abgespielt hat — indem sie dem *es dreht sich* substituiert hat ein *es fällt.* Die Newtonsche Hypothese ist, gesetzt zu haben, daß das astrale *es dreht sich* dasselbe sei wie fallen. Jedoch um dies festzustellen, was erlaubt, die Hypothese zu eliminieren, war es sehr wohl notwendig, daß er sie zuerst aufstellte, diese Hypothese.
Um einen wissenschaftlichen Diskurs bezüglich des Wissens einzuführen, muß man das Wissen da befragen, wo es ist. Dieses Wissen, sofern es im Lager von lalangue ruht, heißt das Unbewußte. Das Unbewußte, ich trete da, nicht anders als Newton, nicht ohne Hypothese ein.
Meine Hypothese ist, daß das Individuum, das vom Unbewußten affiziert ist, das nämliche ist, das das macht, was ich das Subjekt eines Signifikanten nenne. Was ich zum Ausdruck bringe in jener Minimalformel, daß ein Signifikant ein Subjekt für einen anderen Signifikanten repräsentiert. Der Signifikant in sich selbst ist nichts anderes an Definierbarem als eine Differenz mit einem anderen Signifikanten. Es ist die Einführung der

Differenz als solcher in das Feld, was erlaubt, auszuziehen aus lalangue das, was es mit dem Signifikanten auf sich hat.

Anders gesagt, ich reduziere die Hypothese, nach der Formel selbst, die sie substantiiert, darauf, daß sie notwendig ist für das Funktionieren von
130 lalangue. Sagen, daß da ein Subjekt ist, ist nichts anderes als sagen, daß da Hypothese ist. Der einzige Beweis, den wir dafür haben, daß das Subjekt mit dieser Hypothese zusammenfällt und daß es das sprechende Individuum ist, das es stützt, ist, daß der Signifikant Zeichen wird.

Eben weil es das Unbewußte gibt, nämlich lalangue, sofern aus Kohabitation mit dieser sich ein Sein definiert, genannt das sprechende Sein, kann der Signifikant aufgerufen sein, Zeichen zu machen. Nehmen Sie dieses *signe,* wie Sie wollen, auch als das *thing* des Englischen, das Ding.

Der Signifikant ist Zeichen eines Subjekts. Als formaler Träger rührt der Signifikant an ein anderes als das, was er ist, ganz roh, er, als Signifikant, ein anderes, das er affiziert und das somit zum Subjekt gemacht ist oder doch zumindest es zu sein gilt. Eben darin ist das Subjekt dann, und zwar nur für das sprechende Sein, ein Seiendes, dessen Sein stets anderswo ist, wie das Prädikat es zeigt. Das Subjekt ist je nur punktuell und schwindend, denn es ist Subjekt allein durch einen Signifikanten, und für einen anderen Signifikanten.

Hier müssen wir zurückkommen auf Aristoteles. Durch eine Wahl, bei der man nicht weiß, was ihn geleitet hat, hat Aristoteles sich dafür entschieden, keine andere Definition des Individuums zu geben als den Körper — der Körper als Organismus, das, was sich behauptet als eines, und nicht das, was sich fortpflanzt. Die Differenz zwischen der Platonschen Idee und der Aristotelischen Definition des Individuums als das Sein begründenden, da sind wir noch dran. Die Frage, die sich dem Biologen stellt, ist freilich, wie ein Körper sich reproduziert. Worum es in allen Versuchen der sogenannten Molekularchemie geht, ist, zu erfassen, wie es geschieht, daß durch die Kombination einer bestimmten Anzahl von Dingen in einem einzigen Bad sich etwas niederschlägt und daß eine Bakterie zum Beispiel sich fortpflanzt.

Der Körper, was ist das also? Ist es oder ist es nicht das Wissen des ein?

Das Wissen des ein kommt offenbar nicht vom Körper. Das Wissen des ein, so wenig wir darüber sagen können, kommt vom Signifikanten Ein. Der Signifikant Ein, kommt er davon, daß der Signifikant als solcher je nur der *eine-unter-anderen* ist, bezogen auf diese anderen, lediglich die Differenz zu diesen anderen? Die Frage ist so wenig gelöst bis jetzt, daß

mein ganzes Seminar des letzten Jahres gemacht habe, um den Akzent zu setzen auf dieses *'S gibt Ein.*
Was will heißen *'S gibt Ein*? Aus dem *ein-unter-anderen,* und es geht darum, zu wissen, ob das gleichgültig welches ist, erhebt sich ein S_1, ein signifikanter *essaim,* ein summender Schwarm. Dieses S_1 von jedem Signifikanten, wenn ich die Frage stelle *est-ce d'eux que je parle?* werde ich schreiben zunächst aus seiner Beziehung mit S_2. Und sie werden so viele davon setzen können, wie Sie wollen. Es ist der Schwarm, von dem ich spreche.

$$S_1 (S_1 (S_1 (S_1 \rightarrow S_2)))$$

Das S_1, der *essaim,* Herrensignifikant, ist das, was die Einheit sichert, die Einheit der Koppelung des Subjekts mit dem Wissen. Es ist in lalangue und nicht anderswo, insofern sie befragt wird als Sprache, daß sich die Existenz dessen ablöst, was eine primitive Linguistik bezeichnet hat mit dem Terminus στοιχεῖον, Element, und das ist nicht für nichts. Der Signifikant Ein ist nicht irgendein Signifikant. Er ist die signifikante Ordnung, insofern er sich instauriert von der Einhüllung her, durch die die ganze Kette subsistiert.
Ich habe neulich eine Arbeit von einer Person gelesen, die sich fragt nach der Beziehung des S_1 mit dem S_2, die sie als eine Repräsentationsbeziehung auffaßt. Das S_1 wäre in Beziehung mit dem S_2, insofern es ein Subjekt repräsentiert. Die Frage, ob diese Beziehung symmetrisch ist, antisymmetrisch, transitiv oder anders, wenn sich das Subjekt überträgt von S_2 zu einem S_3 und so fort, diese Frage ist wiederaufzunehmen von dem Schema her, das ich noch einmal gebe hier.
Das Ein, inkarniert in lalangue, ist etwas, das unentschieden bleibt zwischen dem Phonem, dem Wort, dem Satz, ja sogar dem ganzen Denken. Es ist das, um das es geht in dem, was ich Herrensignifikant nenne. Es ist der Signifikant Ein, und es ist nicht für nichts, daß ich bei dem vorletzten unserer Treffen, um es zu illustrieren, hier das Fadenende angeführt habe, insofern es jenen Ring macht, an dem ich begonnen habe, nach dem möglichen Knoten mit einem anderen zu fragen.
In diesem Punkt werde ich nicht weiter gehen heute, denn wir sind um ein Seminar gebracht worden wegen Examen in dieser Fakultät.

4

Um hier das Türchen zu drehen, möchte ich sagen, daß das Wichtige an dem, was der psychoanalytische Diskurs enthüllt hat, darin besteht, man wundert sich, die Fiber davon nicht überall zu sehen, daß das Wissen, das aus einer spezifischen Kohabitation heraus das Sein, das spricht, strukturiert, das engste Verhältnis hat mit der Liebe. Alle Liebe stützt sich auf ein gewisses Verhältnis zwischen zwei unbewußten Wissen.

Wenn ich gesagt habe, daß die Übertragung das Subjekt unterstellt zu wissen ist, das sie motiviert, so ist das lediglich eine besondere, spezifizierte Anwendung dessen, was da von Erfahrung ist. Ich bitte Sie, sich auf den Text zu beziehen dessen, was ich, in der Mitte dieses Jahres, hier gesagt habe über die Liebeswahl. Ich habe alles in allem gesprochen von der Anerkennung, von der Anerkennung nach stets rätselhaft interpunktierten Zeichen, von der Art, in der das Sein affiziert ist als Subjekt des unbewußten Wissens.

Es gibt kein Geschlechtsverhältnis, weil der Genuß des Anderen, aufgefaßt als Körper, stets inadäquat ist — pervers auf der einen Seite, sofern der Andere sich reduziert auf das Objekt *a* — und auf der anderen, ich würde sagen, verrückt, rätselhaft. Ist es nicht aus der Gegenüberstellung zu diesem Unweg, zu dieser Unmöglichkeit, woraus ein Reales sich abgrenzt, daß die Liebe auf die Probe gestellt ist? Vom Partner vermag die Liebe nur das zu realisieren, was ich durch eine Art Poesie, um mich verständlich zu machen, den Mut genannt habe, im Hinblick auf diese fatale Bestimmung. Aber geht es wirklich um Mut, oder um die Wege einer Anerkenntnis? Diese Anerkenntnis ist nichts anderes als die Art und Weise, in der das sogenannte geschlechtliche Verhältnis — hier Verhältnis
132 geworden von Subjekt zu Subjekt, Subjekt insoweit, als es nur der Effekt des unbewußten Wissens ist — zessiert, sich nicht zu schreiben.

Zessieren, sich nicht zu schreiben, das ist da nicht eine Formel, vorgebracht auf gut Glück. Ich habe sie bezogen auf die Kontingenz, wohingegen ich Gefallen gefunden habe beim Nezessären als dem, was *nicht zessiert, sich zu schreiben,* denn das Nezessäre ist nicht das Reale. Greifen wir im Vorbeigehen auf, daß die Verschiebung dieser Negation uns die Frage stellt, was mit der Negation ist, wenn sie den Platz einer Inexistenz einnimmt. Andererseits habe ich das Geschlechtsverhältnis definiert als das, was *nicht zessiert, sich nicht zu schreiben.* Es gibt da Unmöglichkeit. Das ist auch, daß nichts es sagen kann — es gibt keine, im Sagen, Existenz des Geschlechtsverhältnisses. Aber was will sagen, das zu verneinen? Ist es legitim auf irgendeine Weise, eine Negation zu substituieren der erfahrenen Apprehension der Inexistenz? Das ist da auch eine Frage, bei der es für mich darum geht, sie gerade nur zu ködern. Das Wort *interdiction,* will es mehr sagen, ist es eher erlaubt? Auch das ist nicht im Unmittelbaren zu entscheiden.

Die Kontingenz, ich habe sie inkarniert mit dem *zessiert, sich nicht zu schreiben.* Es gibt da nämlich nichts anderes als Begegnung, die Begegnung, beim Partner, von Symptomen, von Affekten, von all dem, das bei einem jeden die Spur seines Exils zeichnet, nicht als Subjekt, aber als Sprechender, seines Exils aus dem geschlechtlichen Verhältnis. Ist das nicht sagen, daß es allein durch den Affekt ist, der aus dieser Kluft resultiert, daß etwas sich begegnet, das unendlich variieren kann in bezug auf die Ebene des Wissens, das jedoch, einen Augenblick, die Illusion gibt, daß das Geschlechtsverhältnis zessiere, sich nicht zu schreiben? — Illusion, daß etwas nicht nur sich artikuliert, sondern sich einschreibt, sich einschreibt in die Bestimmung eines jeden, wodurch eine Zeit lang, eine Zeit der Schwebe, das, was das Geschlechtsverhältnis wäre, beim Sein, das spricht, seine Spur findet und seine Täuschungsbahn. Die Verschiebung der Negation, vom *zessiert, sich nicht zu schreiben* zum *zessiert nicht, sich zu schreiben,* von der Kontingenz zur Nezessität, eben da ist der Schwebepunkt, an den sich jede Liebe heftet.

Jede Liebe, indem sie subsistiert nur aus dem *zessiert, sich nicht zu schreiben,* neigt dazu, die Negation übergehen zu machen zum *zessiert nicht, sich zu schreiben,* zessiert nicht, wird nicht zessieren.

Derart ist das Substitut, das — über die Bahn der Existenz nicht des Geschlechtsverhältnisses, aber des Unbewußten, das davon differiert — die Bestimmung und auch das Drama der Liebe ausmacht.

In Anbetracht der Uhrzeit, bei der wir angekommen sind, der also, wo ich normalerweise wünsche, mich zu verabschieden, möchte ich die Dinge hier nicht weiter vorantreiben — ich möchte lediglich anzeigen, daß das, was ich vom Haß gesagt habe, nicht auf die Ebene gehört, auf der sich das Erfassen des unbewußten Wissens artikuliert.

Es kann nicht sein, daß das Subjekt nicht begehre, nicht zuviel über das zu wissen, was es auf sich hat mit dieser überaus kontingenten Begegnung mit dem anderen. So, vom anderen her, geht es zum Sein, das hier erfaßt ist.

Das Verhältnis des Seins zum Sein ist nicht dieses Harmonieverhältnis, 133
das seit jeher, man weiß nicht so genau, warum, für uns eingerichtet wird

von einer Tradition, in welcher Aristoteles, der in ihm nur höchstes Genießen sieht, konvergiert mit dem Christentum, für das es Glückseligkeit ist. Das eben heißt, sich verstricken in eine täuschende Apprehension. Das Sein als solches, es ist die Liebe, die sich dem nähert in der Begegnung.

Die Näherung des Seins durch die Liebe, taucht nicht eben da auf, was aus dem Sein das macht, was sich nur behauptet, indem es sich verfehlt? Ich habe von der Ratte gesprochen vorhin — eben darum ging es. Es ist nicht für nichts, daß wir die Ratte gewählt haben. Es ist, weil man daraus leicht eine Einheit macht — die Ratte, das läßt sich ausradieren. Ich konnte das schon beobachten zu einer Zeit, in der ich einen Hausmeister hatte, als ich in der Rue de la Pompe wohnte — bei der Ratte, da verhaute er sich nie. Er hatte für die Ratte einen Haß gleich dem Sein der Ratte.

Die Näherung des Seins, wohnt nicht eben da das Extrem der Liebe, la vraie amour? Und la vraie amour — mit Sicherheit ist es nicht die analytische Erfahrung, die diese Entdeckung gemacht hat, von der die ewige Abwandlung von Liebesthemen hinreichend Widerspiegelung ist — la vraie amour mündet auf den Haß.

Voilà, ich verlasse Sie.

Sage ich Ihnen, bis zum nächsten Jahr? Sie werden bemerken, daß ich das nie, nie, zu Ihnen gesagt habe. Aus einem sehr einfachen Grund — ich habe nämlich nie gewußt, seit zwanzig Jahren, ob ich weitermachen würde das nächste Jahr. Das, das ist Teil meines Schicksals von Objekt *a*.

Nach zehn Jahren hatte man mir in summa das Wort entzogen. Es findet sich, daß, aus Gründen, unter denen ein Teil Schicksal war, ein Teil Neigung auch, einigen Leuten Vergnügen zu bereiten, ich weitergemacht habe während zehn Jahren noch. Mit diesen zwanzig Jahren habe ich also den Zyklus abgerundet. Werde ich weitermachen das nächste Jahr? Warum nicht anhalten hier das *encore*?

Was bewundernswert ist, ist, daß niemand je gezweifelt hat, daß ich weitermachen würde. Daß ich diese Bemerkung mache, stellt trotzdem die Frage danach. Es könnte sein, nach allem, daß dem *encore* ich hinzufüge ein *es ist genug*.

Wahrhaftig, ich lasse Ihnen die Sache zu Ihrer Wette. Es gibt viele, die glauben, mich zu kennen, und die denken, daß ich darin eine unendliche Befriedigung fände. Neben der Mühe, die es mir macht, muß ich sagen, daß es mir wenig scheint. Machen Sie also Ihre Wetten.

Und was wird das Resultat sein? Wird das heißen, daß die, die richtig geraten haben werden, daß sie mich lieben? Nun — das ist genau der Sinn dessen, was ich vor Ihnen eben ansprach heute — wissen, was der Partner tun wird, ist nicht ein Beweis der Liebe.

26. Juni 1973

ANMERKUNGEN DER ÜBERSETZER

Wenn «eine Sprache unter anderen [Sprachen] nichts anderes ist als das Integral der Äquivoke, das ihre Geschichte in ihr hat fortbestehen lassen» (Lacan in *L'Étourdit*), wird Übersetzung heißen können, was die Fähigkeit zur Äquivokation einer Sprache nutzt, die Äquivoke einer anderen bewahrend zur Geltung zu bringen. Dies zu tun, ist die sogenannte Entsprechung, die es zu finden gelte, nicht immer das probate Mittel, als das sie für gewöhnlich angesehen wird. Sprachen sind nur schwer (und wenn, dann lokal, d. h. in Teilen) aufeinander abbildbar.

So ist bereits der Term *équivocation*, wörtlich Gleichnennung, Gleichstimmung, aus *aequus* und *vox*, kaum wiedergegeben durch die entsprechenden Wörter Doppelsinn, Doppel- oder Mehrdeutigkeit, die weniger das unter dem Term Gegebene meinen als das durch es Bewirkte, seinen Effekt.

Äquivokation ist auf mehr als einer Ebene. Sie betrifft, erstens, in *Silbe, Wort, Wendung* das, was herkömmlich *Homophonie* genannt wird, treffender Paraphonie heißen sollte. An Paraphonik muß in der Übersetzung vieles verloren gehen, weshalb für die dit-mension des Textes Unverzichtbares unübersetzt bleibt und in diesen Anmerkungen aufgegriffen wird. — Sie betrifft, zweitens, *grammatische Verhältnisse*, weshalb sich unsere Übersetzung für das einsetzt, was die Wörtlichkeit der *Syntax* (vor allem des Satzes) genannt worden ist. Dem Leser wird hier abverlangt: sich einzulesen. Wie, wenn nicht durch solches hinweisende Übersetzen, wäre wiederzugeben, wovon, als Drittem, ausgehend nochmals von der Äquivokation Lacan spricht, es demonstrierend in Rede und Schrieb: die Antinomik *logischen Verhältnisses.* — Auf dieses hin schneiden sich die Ebenen, doch bilden die drei Knotenpunkte der Äquivokation keinerlei Hierarchie …

Zur Anlage der Anmerkungen: Jeder Eintrag beginnt mit der Angabe von Seite/Zeile und der Wiedergabe der Stelle, die mit (—) schließt. Bei Übersetzungen folgt die Zitierung des Originals. Ist die Stelle in der Sprache des Originals belassen, können Übersetzung und/oder Remarken folgen, diese abgesetzt durch Spatium.

Ergänzungen zu Übersetzungen stehen in runden Klammern.
Das Zeichen (◇) zeigt an, daß es sich um Schnitt (∧) und Vereinigung (∨) von Elementen (Buchstabe, Silbe, Wort ...) handelt, die, möglichst diesseits von Interpretation, aufgezählt werden und die der Leser ergänzen mag (...).
Zusätzliche Bemerkungen stehen in eckigen Klammern.
Öfter erscheinende Wörter, Wendungen sind in der Regel am Ort ihres ersten Auftretens im Text vermerkt.

7/4f. après vous j'vous en prie, j'vous en *pire* — après vous j'vous en prie: nach Ihnen, ich bitt' Sie pire ◇ pire: schlimmer, übler, ärger; prie: (ich) bitte, bete; ...

7/9 *noch — encore* encore: (zeitlich:) noch, immer noch, nochmals, (verstärkend:) noch, überdies, obendrein, (einschränkend:) wenigstens, höchstens, (mit Inversion:) freilich, allerdings, (steigernd:) mehr, noch mehr, noch dazu, (mit que als Konjunktion, encore que:) obschon, obgleich, obwohl

7/28f. ... *ou pire* — oder schlimmer, oder ärger

7/29 *Ça s'oupire —* ◇ ça: es, das; s'oupire: reflexive Verbform, 3. Pers. Sing. Präs.; ou pire; soupire: (es) seufzt; ...

8/3 ça ne peut que s'oupirer – ça ne peut que: das kann nur s'oupirer ◇ se: sich; ou pire; soupirer; ...

10/4 nezessär — nécessaire ◇ nécessaire: notwendig, nötig; ne: nicht; cesser: aufhören, einstellen, aufgeben, nachlassen, enden; ...

10/14 *l'amur —* ◇ l'amour: die Liebe; mur: Mauer, Wand; ...

10/21 *en-corps —* ◇ en: (lokale, temporale, modale Präposition:) in, im, an, als; corps: Körper, Leib; encore; ...

10/33 *'S gibt Ein — Y a d' l'Un*

11/7 *pro-ménade —* ◇ pro: (lat.) für; ménade: Mänade; promenade: Spaziergang; ...

11/7 ça promet la ménade — das verheißt die Mänade

11/23 die Beziehung von ihnen — la relation d'eux

11/23 *d'eux —* ◇ de: (Präposition, Teilungsartikel:) von; eux: (Personalpronomen, maskulin, 3. Pers. Plur.:) sie, ihnen; deux: zwei; ...

11/34f. *Geschlechtsverhältnis — rapport sexuel*

12/1 *nicht alle — pas toute* (toute: feminine Form zu: tout)

13/7 *Étrange* — fremd, befremdlich, seltsam, sonderbar

13/8 *l'être-ange* — ◇ être: (Verb:) sein; l'être: (Substantiv:) das Sein; ange: Engel; étrange; ...

15/33 se supporte — sich stützt

16/18f. *Parlez moi d'amour* — chansonnette! — *Sagen Sie mir von der Liebe* — (ein) Liedchen!

16/20 die Sprache der Liebe — la parole d'amour

20/16 Linguisterie — linguisterie ◇ linguiste; hystérie; ...

20/26 *L'Étourdit* — *d,i,t* — ◇ l'étourdi: unbesonnener, leichtsinniger Mensch, Wirrkopf, Dussel; dit: [Part. Perf. von dire: sagen:] gesagt; ...

20/28f. *Daß man sage, bleibt vergessen hinter dem, was sich sagt in dem, was sich versteht* — *Qu'on dise reste oublié derrière ce qui se dit dans ce qui s'entend*

23/36 *à tire-larigot* — [kräftig eins schlucken]

23/38f. deswegen, weil man ihm das Bein wegzieht — à force de lui tirer la jambe

26/8 *dit-mension* — ◇ dit: gesagt; dimension: Dimension; ...

26/26f. aus dem Gesagten, von dem man sich nicht lossagen kann — des dits, dont on ne peut pas se dédire [des dits [Plural von le dit: das Gesagte] und dédire: lossagen sind assonant]

27/21 das *eines Körpers genießen* — le *jouir d'un corps*

28/35f. Nach denen, die sich umschlingen — wenn Sie mir erlauben — hélas! Und nach denen, die schlaff sind, holà! — Après ceux qui s'enlacent — si vous me permettez — hélas! Et après ceux qui sont las, holà! [qui s'enlacent; hélas; sont las; holà sind assonant]

29/17 wer den anderen *epauliert* — qui *épaule* l'autre épaule ◇ épaule: [3. Pers. Sing. Präs. von épauler] hilft, beisteht; et Paule: und Paule; ...

29/20 *passibête* — ◇ pas si bête: nicht so blöde; passe si bête: geht durch, passiert so blöde; ...

29/21 Passage — passage ◇ passage; pas sage: nicht klug; ...

29/25f. *tu ne sauras jamais combien je t'ai aimé* — *é* statt *ée* — *Du wirst nie wissen, wie sehr ich Dich geliebt habe* [Das Französische verlangt die Akkordierung, in Geschlecht und Zahl, des Partizipialteils des Perfekts mit dem ihm vorausgehenden Akkusativpronomen]

31/14 poubellication — ◇ publication: Veröffentlichung; poubelle: Mülleimer; ...

36/21 *m'être* — ◇ me: mir, mich; être: [Verb:] sein; l'être: (Substantiv:) das Sein; maître: Herr, Meister, Lehrer; mètre: Meter, Maßstab, Metrum; ...

37/11 discours courant — (der) geläufige Diskurs

37/11 *disque-ourcourant* — ◇ disque: Scheibe, Diskus, Schallplatte; courant: fließend, laufend, geläufig; discours courant; ...

45/7 *l'êtrernel* — ◇ l'être: das Sein; éternel: ewig; ...

45/34 *la-paresse* — ◇ la paresse: die Faulheit; apparaisse: [3. Pers. Sing. Präs. subjonctif:] erscheinen mag; ...

49/34 *par-être* — ◇ par: durch; être: sein, Sein; paraître: (das) Scheinen; ...

49/35 *paraître* — (das) Scheinen

50/15f. *le dieu — le dieur — le dire* — le dieu: der Gott le dieur ◇ le dieu: der Gott; le dire: das Sagen; -eur: mask. Endung zur Substantivierung von Verben; ... le dire: das Sagen

51/7f. en corps à corps — ◇ en corps: im Körper; encore; corps à corps: Körper an Körper; ...

51/20 *la hache* — die Axt

53/16 *uni – vers – Cythère* — ◇ uni vers Cythère: vereint hin nach Kythera; universitaire: universitär; ...

58/12ff. *Tout art ...* — Jede Kunst und Forschung, ebenso wie jedes Handeln und jede durchdachte Überlegung [...] streben, wie es scheint, auf irgendein Gutes zu. Auch hat man gelegentlich völlig recht gehabt, das Gute so zu definieren: das, wonach man strebt unter allen Umständen. Dennoch [...] scheint es wohl, daß es einen Unterschied zwischen den Zwecken gibt.

58/37f. Il ne faut pas convaincre. — Man soll nicht überzeugen.

58/38f. ne pas vaincre, con ou pas — ne pas vaincre: nicht siegen; con: Fotze, Dummkopf, blöde, dumm; ou pas: oder nicht

60/37 Du bi, du bien, du benêt! — [Vergleiche die Reklame der Firma Dubonnet: du Bien, di Beau, Dubonnet]

61/5 apparathaft ist — est apparaillée [apparailler: paarweise zusammentun]

61/23 *Lust-Ich* — deutsch im Original

61/23 *Real-Ich* — deutsch im Original

61/26 *Real-Ich* — deutsch im Original

62/6 *Lust-Ichs* — deutsch im Original

62/11 *m'êtrise* — ◇ me: mir, mich; être: sein; maîtrise: Beherrschung; ...

62/16 *Lustprinzip* — deutsch im Original und übersetzt
63/18 MLF — [Mouvement de Libération des Femmes]
65/1 qu'il faut — qu'il: das es faut ◇ faut: [3. Pers. Sing. von falloir: brauchen:] braucht; faut: [3. Pers. Sing. einer alten Form von faillir: mißlingen:] mißlingt; ...
65/22 S'il n'y avait pas ça, ça irait mieux. — Wenn es das nicht gäbe, ginge es besser.
66/17 *faux* — ◇ faux: falsch; faut: braucht; ...
66/18 qu'il ne *faux-drait* pas — qu'il ne ... pas: daß es nicht *faux-drait* ◇ faux: falsch; faudrait: bräuchte; ...
66/36 *p'oublier* — ◇ publier: publizieren; oublier: vergessen; ...
66/37 *tout-blier* — ◇ tout: alles; oublier: vergessen; ...
67/8 *Urverdrängung* — deutsch im Original
67/27 genossen zu werden, oder gespielt — être joui, ou joué
67/30 nicht für nicht — pas à pas [auch Schritt für Schritt]
68/30 *l'odorer* — das Riechen
68/35 Nicht — pas [auch Schritt]
71/20 *juste* — gerecht, recht, berechtigt, richtig, genau, eng, knapp, just
71/20 *justement* — gerecht, richtig, mit Recht, genau, gerade eben, justament
71/20 *tout juste* — ganz recht, gerade eben
71/20 *tout juste réussi* — gerade eben gelungen
79/23 *con-victions* — ◇ con: (Substantiv:) Fotze, Dummkopf, (Adjektiv:) blöde, dumm; convictions: Überzeugungen, Auffassungen, Ansichten; ...
81/18 qui les secoue — das sie schüttelt, rüttelt
81/19 qui les secourt — das sie unterstützt, ihnen hilft
85/2 LETTRE D'ÂMOUR — ◇ lettre d'amour: Liebesbrief; âme: Seele; ...
86/16 *mot* — Wort
86/16 *motus* — still, stumm
87/18 *mi-sens* — Halb-Sinn
87/18 *indé-sens* — ◇ sens: Sinn; indécence: Unanständigkeit; ...
87/19 *réti-sens* — ◇ sens: Sinn; réticence: Verschweigung, Übergehung, Retizenz; ...
87/30 *Was will das Weib?* — deutsch im Original
91/5 *Lustprinzip* — deutsch im Original
91/8 *Lustprinzip* — deutsch im Original
91/31 *d'eux* — von ihnen

91/31 *deux* — zwei
91/31 *peut* — (er, sie, es) kann
91/31 *peu* — wenig
91/31 f. *il peut peu* — er vermag wenig
91/33 qu'on *âme* — qu'on: daß man âme ◇ âme: Seele; aime: (er, sie, es) liebt; ...
91/33 J'*âme*, tu *âmes*, il *âme* — [Konjugationsparadigma, 1. bis 3. Pers. Sing. Präs.]
91/35 *jamais j'âmais* — jamais: nie j'âmais ◇ je: ich, âme: Seele; aimais: (ich) liebte; ...
91/38 l'âme âme l'âme — l'âme: die Seele âme ◇ âme: Seele; aime: (er, sie, es) liebt; ... l'âme: die Seele
92/1 *hommosexuell* — ◇ homosexuell; homme: Mensch; ...
92/14 Außer-Geschlecht — hors-sexe
92/19 f. qu'elles âment l'âme — qu'elles: daß sie âment ◇ âme; aiment: (sie) lieben; ... l'âme: die Seele
92/20 âme qu'elles âment — âme qu'elles: Seele, die sie âment ◇ âme; aiment; ...
92/27 qu'elles se mêment — qu'elles se: daß sie sich mêment ◇ même: gleich; aiment; ...
92/30 Man *nennt* sie *Frau*, man *diffâmiert* sie — On la *dit femme*, on la *diffâme* diffâme ◇ diffame: (er, sie, es) verschreit, diffamiert; âme: Seele; dit femme: (er, sie, es) nennt (sie) Frau; ...
93/17 *Aufhebung* — deutsch im Original
93/32 *Kraft durch Freud* — deutsch im Original
94/24 f. âmoralité — ◇ amoralité: Amoralität; âme; oralité: Oralität; ...
94/37 çade — ◇ Sade; ça: Es; ...
95/11 f. qui âme — qui: [Relativpron.:] der
96/19 *jouer* — spielen
96/36 il hait, [...] il est — er haßt, [...] er ist [il hait und il est sind paraphon]
97/3 *Die Hainamoration* — ◇ haine: Haß; amor: [lat.] Liebe; enamourer: verlieben; ...
101/24 f. *zessiert, sich nicht zu schreiben — cesse de ne pas s'écrire*
103/3 encore-à-naître — noch-geboren-zu-werden
103/3 *encorné* — ◇ encore: noch, noch immer; écorné: (die Hörner) abgestoßen; né: geboren; ...

104/20 *apprendre* — ◇ apprendre: lernen, erfahren; à prendre: zu nehmen, zu greifen; ...
104/21 qu'il doive être appris — daß es gelernt werden solle
104/22 mis à prix — ◇ mis à prix: ausgepreist, veranschlagt; appris: gelernt; ...
104/24 *beau-coût* — ◇ beau: schön; coût: Kosten; beaucoup: viel; ...
105/7 *Kommarx* — ◇: Kommerz; Marx; ...
105/8 *fraudieren* — faire *fraude* [auch betrügen]
106/2 mépris – Verachtung
106/3 *méprix* — ◇ prix: Preis; mépris: Verachtung; ...
106/3 *uniprix* — [Vergleiche die Supermarketkette «Prisunic»]
106/22 f. pas-savant-du-tout — überhaupt-nicht-wissend
107/21 *être-haïr* — ◇ être: sein; haïr: hassen; trahir: verraten; ...
107/30 haine jalouse — eifersüchtiger Haß
107/31 *jalouissance* — ◇ jaloux, jalouse: eifersüchtig; jouissance: Genießen; ...
107/31 *s'imageaillisse* — ◇ s'imaginer: sich einbilden, sich denken; jaillir: hervorsprudeln; ...
114/11 *Wissenstrieb* — deutsch im Original
115/8 *Weltanschauung* — deutsch im Original
115/18 *das Denken ist auf der Seite des Griffs* — *la pensée est du côté du manche* [manche (m.): Griff, Heft (eines Messers); se mettre du côté du manche: es mit der stärkeren Partei halten]
115/21 *dit-manche* — ◇ dit; manche; dimanche: Sonntag; ...
115/22 dimanche de la vie — Sonntag des Lebens
115/34 f. Angelegenheit nicht des Griffs, aber des Ärmels – affaire non pas du manche, mais de la manche
116/23 Messung des Gesagten – mension du dit
119/21 ADN — [acides désoxyribonucléiques, wofür im Deutschen die Abkürzung DNS, Desoxyribonukleinsäure, steht]
121/15 wenn *es das wäre* — si *c'était ça* [Französ. si verlangt die Indikativform: wenn es das war]
121/27 *Trieb* — deutsch im Original
121/27 la dérive — die Abtrift, die Abweichung
124/24 *senti-maître* — ◇ senti :[aus sentir: fühlen, riechen]; maître: Herr, Meister, Lehrer; centimètre: Zentimeter; ...
125/11 f. daß ein Einjeder [...] schläft mit seiner *einen Einejede* — qu'un chacun baise [...] sa *une chacune*
125/36 *humeur malsaine* — schlechte Stimmung

128/38 *l'inter-dit* — ◇ inter-: (Präfix, von lat. inter:) zwischen-, unter-; dit: gesagt, (das) Gesagte; interdit: untersagt, verboten, (das) Untersagte, Verbotene; ...

129/38 *lier* — binden

129/38 *lire* — lesen

130/13 son sens — sein Sinn, seinen Sinn

135 *Figur VI* [Vgl. Ornicar? Bulletin périodique du Champ freudien, Nr. 5, Paris 1975/76, S. 3ff.]

136/3 *Lustbefriedigung* — deutsch im Original

137/38 *Nun will ich mich* ... — deutsch im Original und übersetzt

137/38 *Sie sollen nämlich* ... — deutsch im Original und übersetzt

142/16 Heißt das, daß es *davon gibt* nur eine? — Est-ce à dire qu'il *n'y en a* qu'un? (Negation im Französischen durch: n')

150/11 S_2 [...] est-ce bien d'eux — S_2 [...] ist's wirklich von ihnen [S deux und est-ce d'eux sind paraphon]

151/27 affiziert uns — nous affecte [Vgl. S. 118]

152/14 lernen. *A-prendre* bei was? — apprendre. *A-prendre* à quoi? à-prendre ◇ à prendre; apprendre; ...

155/12 *signe* — Zeichen

156/5 *essaim* — Schwarm ◇ essaim: Schwarm; S_1 [gesprochen S un]; ...

156/6 *est-ce d'eux que je parle?* — ist's von ihnen, daß ich spreche? est-ce d'eux ◇ est-ce d'eux; S_2; ...

158/3 *interdiction* — Untersagung, Verbot [Vgl. S. 138]

159/10 die Ratte, das läßt sich ausradieren — le rat, ça se rature

159/12 bei der Ratte, da verhaute er sich nie — le rat, il ne le ratait jamais

PERSONENREGISTER